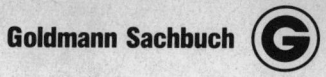

Buch

Die Industriegesellschaft ist in eine existentielle Krise geraten. Nur grundlegende Veränderungen können aus dieser Krise herausführen. An die Stelle der alten »Realpolitik« muß eine kreative »Realutopie« treten, bei der die menschliche Entwicklung Vorrang haben muß. Jeder einzelne Mensch, vor allem aber die Jugend bleibt aufgerufen, die Zukunft selbst in die Hand zu nehmen. Es gilt, unorthodoxe Ideen für eine Welt des gesicherten Überlebens aller in Taten umzusetzen, damit die Chance für das Menschsein gewahrt bleibt.

Autor

Aurelio Peccei, namhafter Wirtschaftswissenschaftler und Manager in der Industrie, ist Gründer und Präsident des Club of Rome, einer Vereinigung internationaler Gelehrter, die sich um die Erarbeitung weltweiter Problemlösungen der Gegenwart und Zukunft bemühen. Peccei ist Autor mehrerer, aufsehenerregender Publikationen. Im Goldmann Verlag erschien bisher: Zukunftschance Lernen – Bericht für die achtziger Jahre (11289).

Aurelio Peccei

Die Zukunft in unserer Hand

Analyse und Reflexion

mit einem Vorwort
von Prof. Eduard Pestel

Wilhelm Goldmann Verlag

Titel der französischen Originalausgabe:
CENT PAGES POUR L'AVENIR
erschienen im Verlag Economica, Paris

Aus dem Französischen von Barbara Brumm

Der Jugend – und allen, die jung geblieben sind –, der einzigen Hoffnung für die Zukunft der Menschheit.

Made in Germany · 11/82 · 1. Auflage · 1112
Genehmigte Taschenbuchausgabe
© 1981 by Aurelio Peccei
Alle Rechte der deutschen Ausgabe
1981 by Verlag Fritz Molden Wien – München – Zürich – New York
Umschlaggestaltung: Atelier Adolf & Angelika Bachmann, München
Umschlagfoto: Conny Krafft, München
Druck: Mohndruck Graphische Betriebe GmbH, Gütersloh
Verlagsnummer: 11342
Herstellung: Sebastian Strohmaier
ISBN 3-442-11342-3

Vorwort

Wer Aurelio Peccei persönlich kennt, mag wohl glauben, ihn beim Lesen dieses Buches immer wieder vor sich zu sehen, wie er emphatisch, voller Temperament mit packender Gestik, ja zuweilen geradezu beschwörend seine Überzeugungen vorträgt. Und es wird manchem Leser wie mir gehen, daß er dabei selbst beginnt, mit dem Autor zu diskutieren, zu rechten, besonders beim Lesen von Passagen, wo man meinen möchte, nun schösse Peccei in seiner Rolle als ungeduldiger, unbequemer Mahner wieder einmal erheblich über das Ziel. Doch warum soll er, der die Welt wie kaum ein anderer kennt, der auf eine äußerst erfolgreiche Führungstätigkeit in Industrie und Wirtschaft zurückblicken kann, warum soll dieser bewährte, erfahrene Mann eigentlich Nachsicht üben mit jenen, die sich in ihren Amtssesseln als Realisten und Pragmatiker empfinden, wenn sie den Club of Rome als Kassandra oder gar als Unheilbeschwörer abzuqualifizieren suchen, selbst aber ständig dem Wagnis wesentlicher und offensichtlich unabweisbarer Kurskorrekturen unter dem Hinweis auf die „Notwendigkeiten der Politik und Wirtschaft" ausweichen, während ja gerade Peccei mit seinen Freunden Wege zu einer Welt des gesicherten Überlebens für alle sucht und nicht daran zweifelt, daß sie gefunden werden können, daß wir es also in der Hand haben, die Zukunft zu erfinden.

Und so versucht dieses Buch, nach einer erbarmungslosen Offenlegung der gegenwärtigen Weltlage, in seinem zweiten Teil „Ideen ins Spiel zu bringen, die demonstrieren, daß in der Tat Lösungswege existieren – seien sie noch so schwierig zu konzipieren und noch schwerer zu verwirklichen".

Zu diesen Ideen gehört neben dem weltpolitischen Imperativ der Entschärfung des Ost-West-Konflikts mit dem

Ziel, schließlich gemeinsam bei der Einebnung der Kluft zwischen Nord und Süd zusammenzuwirken, die wohl notwendigste Aufgabe, in aller Welt die humane Entwicklung des Menschen, des größten und immer wieder erneuerbaren Potentials auf dieser Erde, kräftig voranzutreiben, auch eingedenk der mahnenden Wertung durch Konrad Lorenz: „Das lang gesuchte Zwischenglied zwischen dem Tier und dem wahrhaft humanen Menschen sind wir."

Und schließlich gehört zu diesen Ideen auch die Suche nach Zielvorstellungen für eine neue Zukunft, die uns nicht nur lebenswert erscheint, sondern von der man auch hoffen kann, sie zu verwirklichen. Hier muß die Jugend mit in die Pflicht der Verantwortung genommen werden; denn sie wird in dieser Zukunft leben müssen. Und sind nicht – so fragt Peccei – die jungen Menschen von heute besser dafür vorbereitet als ihre Väter, die wir in einem Geist erzogen wurden, als würde sich unsere Welt von der unserer Väter nur wenig unterscheiden? Sehnt sich diese Jugend nicht nach einem neuen Humanismus, in dem „Liebe, Freundschaft, gegenseitiges Verständnis, Solidarität, Opferbereitschaft, Gemeinschaft als höchste Güter und Bedürfnisse uns auch das Gefühl vermitteln, daß je mehr diese uns mit unseren Brüdern und Schwestern überall in der Welt verbinden, desto mehr wir alle gewinnen"?

Aurelio Pecceis neues Werk liefert keinen Rezeptkatalog für die Erschaffung einer besseren Welt, und doch legt man das Buch schließlich zur Seite mit dem sicheren Gefühl, nun eine Ahnung vom rechten Weg in die Zukunft zu haben, die man nicht ohne schlechtes Gewissen verdrängen kann, auch wenn man im einzelnen zu Widerspruch neigen mag.

Hannover, im April 1981

Eduard Pestel
o. Prof. der TU Hannover

Inhaltsverzeichnis

Einleitung

Man hat mich des öfteren gebeten, ein Buch zu schreiben über die Alternativen, vor denen die Menschheit steht. Nach einigem Zögern habe ich es nun getan, und zwar aus Gründen, die ich meinen Lesern nicht vorenthalten möchte, da sie die Begründung für dieses Buch liefern.

Die Menschheit befindet sich auf dem Weg in die Katastrophe. Sie darf ihn nicht weitergehen und muß eine andere Richtung einschlagen. Ein Buch, das diesem Zweck dienen soll, muß sehr wirkungsvoll sein – es muß so sein, daß man es an einem Wochenende lesen und ein Jahr lang darüber nachdenken kann. Denn die Leute haben sehr wenig Zeit zum Lesen und so viele Sorgen, daß sie sich keine weiteren machen wollen. Außerdem sind sie der leeren Phrasen müde und glauben nicht mehr an das Versprechen einer besseren Zukunft. Ein aufrüttelndes Buch müßte daher knapp, klar und ehrlich sein; es müßte die Tragödien erklären, die sich abzeichnen, und gleichzeitig überzeugende Möglichkeiten ihrer Verhinderung aufzeigen.

Eine Aufgabe, die meine Kräfte zweifelsohne übersteigt. Dennoch wollte ich einen bescheidenen Beitrag leisten, um andere zur Nachahmung anzuspornen. Deshalb habe ich dieses Buch geschrieben. Es ist knapp ausgefallen. Etwas über hundert Seiten sind der Zukunft und der Gegenwart als deren Ausgangspunkt gewidmet; der Rest stellt die Verbindung zur Vergangenheit her. Es ist auch ein ehrliches Buch. Es beschreibt die Gegenwart und die mögliche Zukunft, wie ich sie nach vielen Überlegungen und Diskussionen sehe. Hoffentlich ist es auch klar und überzeugend genug, um zum Nachdenken anzuregen.

Ich habe mich einer einfachen Sprache befleißigt, die ich verstehe und die hoffentlich auch von anderen verstanden wird. Damit das Buch nicht zu dick wird, habe ich kein Thema erschöpfend analysiert, sondern alle Fragen nur in ihren Grundzügen behandelt. Ich habe mich auch bei den Zitaten, Zahlen und Beispielen auf ein Mindestmaß beschränkt. Die Antworten auf so wichtige Fragen wie die Entscheidung in Sachen Energie, die Gewaltfrage und die Rolle der „multinationalen" Konzerne, auf die ich nicht ausdrücklich zu sprechen komme, ergeben sich aus dem Gesamtzusammenhang. Die Gesellschaft, die um des Überlebens willen mehr auf den Menschen zugeschnitten werden muß, wird den sanften Energien, vor allem der Sonnenenergie, den Vorzug geben müssen, sie wird jeglicher Gewalt eine Abfuhr erteilen, und sie wird es nicht zulassen, daß die Unternehmen, ihre traditionelle Basis, der sie die größtmögliche Freiheit läßt, vom Gemeinwohl abweichende Interessen verfolgen. Das Zeitalter des Computers, von dem so oft die Rede ist, wird mehr sein als eine Revolution der technischen Mittel *hardware* und *software,* es wird eine Revolution der *Inhalte* geben.

Ich habe mich bemüht, die negativen Faktoren aufzuzeigen, die die momentane Phase des Niedergangs bestimmen, unter der die Menschheit leidet. Zum anderen habe ich versucht, die Grundzüge einer Veränderung im menschlichen Denken und Verhalten zu skizzieren, die allein eine Phase der Wiedergeburt herbeiführen können. Und um diesen Angelpunkt drehen sich all meine Überlegungen.

Die Botschaft des Buches lautet nämlich, daß *die Menschheit die Krise überwinden und die Zukunft aufbauen kann, die sie will,* wenn sie ihre natürlichen und vor allem ihre menschlichen Ressourcen intelligent zu nutzen weiß. Die 80er Jahre sind die entscheidende Phase. Die notwendigen und möglichen Veränderungen verlangen zwar eine ganze Reihe von Opfern, doch fallen sie geringer aus als diejenigen, die die Menschheit bringen müßte, wenn sie ihren Weg in die Katastrophe fortsetzt.

Ich veröffentliche dieses Buch in meinem Namen und nicht in dem des Club of Rome, einer Vereinigung von Wissenschaftlern, in der jedes Mitglied seine Vorstellungen im Gegensatz zu den anderen vorträgt und keiner im Namen aller reden kann. Es sind meine eigenen Meinungen, die ich hier kundtue; ich freue mich jedoch, wenn viele meiner Kollegen sie gutheißen.

Das Bild, das ich von diesem dramatischen Wendepunkt in der Geschichte der Menschheit zeichne, stammt also genauso von mir wie all die Irrtümer, die es enthalten mag. Es versteht sich aber von selbst, daß ich von meiner Mitgliedschaft im Club of Rome enorm profitiert habe. Weitere Anregungen verdanke ich vielen anderen Denkern, Forschern, Kritikern und Visionären, die sich mit der conditio humana auseinandergesetzt haben. Ich sage ihnen allen ein herzliches Dankeschön. Hoffentlich sieht der eine oder andere in meinen Aussagen einen Widerhall oder eine Bestätigung seiner Ideen oder fühlt sich ermutigt, sich noch mehr für die Sache des Menschen zu engagieren.

Schließlich schulde ich noch Anna Maria Pignocchi Dank für ihre unermüdliche intelligente Mitarbeit.

Rom, im Januar 1981   *Aurelio Peccei*

ERSTER TEIL

Von der Größe und vom Niedergang des Menschen

Die Zukunft ist nicht mehr, was sie war[1]

Die Zukunft einst ...

Jede Epoche hat ihre besonderen Fährnisse, aber auch ihre eigenen Hoffnungen. Dennoch änderte sich die Realität in früheren Jahrhunderten so langsam, daß jedes Individuum und jede Gemeinschaft in Stadt und Land, außer in Zeiten von Katastrophen, ihr zwar beschwerliches, aber ziemlich vorhersehbares Leben führte. Alle konnten sie davon ausgehen, daß die Zukunft der Gegenwart gleichen wird wie ein Ei dem anderen. Die Handwerker, Händler und Bauern wurden regelmäßig von den Wucherern ausgenommen; sie mußten dem Fürsten oder der Kirche Tribut zahlen, weshalb ihnen nur ein paar Pfennige und recht karge Vorräte übrigblieben. Die Leute wußten, daß ihre Kinder oft schon im Kindesalter sterben würden, daß auf den Bergen oder am Rande der Ebene Wölfe und andere wilde Tiere hausen und daß die Räuber die schlechte Angewohnheit haben, aus den Wäldern hervorzustürmen, um Reisende anzugreifen. Auch war es normal, daß ab und zu Krieg und Hungersnot herrschten.

Wenn früher Leute ihre Heimat verließen, dann wanderten sie aus, weil eine fremde Macht in ihr Land eingefallen war oder weil es in ihrem Geburtsland ei-

---

[1] Der Titel geht zurück auf ein Diktum von Paul Valéry.

nen Bevölkerungsüberschuß gab, oder es waren rebellische Geister. Und all diese Auswanderer errichteten in ihrer neuen Heimat Kolonien, die von den Werten und Sitten, manchmal sogar von den Institutionen des Mutterlandes getragen waren. Und im Zeitalter der großen Entdeckungen bewirkten die wagemutigen Kapitäne und Abenteurer, die zur Erforschung und Eroberung unbekannter Erdteile aufbrachen, nur eine Ausdehnung des Herrschaftsbereichs der damaligen Reiche, indem sie die unterworfene Bevölkerung unter ihren Glauben und ihr Gesetz zwangen. Bei der Rückkehr waren Gold, Edelsteine, Gewürze und Sklaven eine Beute, die das Alltagsleben im Mutterland verschönern sollte.

Die Ideen und Situationen entwickelten sich kaum wahrnehmbar; ohne nennenswerte Veränderungen folgte eine Generation auf die andere. Vielleicht war es sogar die Langeweile über das freudlose und harte Tagwerk und die langen Nächte, das Gefühl, daß der heutige Tag dasselbe bringt wie der gestrige gebracht hat und der morgige nicht anders sein wird, vielleicht war es diese Monotonie des ganzen Lebens, welche die Flucht in eine Phantasiewelt, den Glauben an Legenden und Fabeln und die Schaffung von Mythen notwendig machte. Die phantastische Welt der Drachen und Seeschlangen, der Zauberer, Feen und Gnomen ist jedenfalls das wunderbare Geschöpf dieser grauen und gleichförmigen Realität.

Da die Zukunft ein Buch mit sieben Siegeln war, glaubte man an ein Leben nach dem Tode und zweifelte nicht an der Existenz des Paradieses und der Hölle. Die Zukunft lag in Gottes Hand. Der Herr werde die Menschen in den Gefilden der Seligkeit empfangen oder sie auf ewig bestrafen; je nachdem, ob sie in ihrem

Erdenleben gut oder böse waren, denn auf die Seele kam es an. Anderswo stellte man sich viele Geister oder Gottheiten vor, die sich des sterblichen Menschen annehmen, oder man glaubte, die Zukunft sei eine lange Reise im Reich der Toten, auf die man sich vorbereiten müsse. Wieder andere meinten, daß jedes Individuum nach dem Tode eine eigene Seelenwanderung durchmacht oder daß das furchterregende, bodenlose Nichts alle Menschen und Dinge verschlingen wird. Die Menschen dachten viel mehr an die Zukunft als heute, doch stellte man sie sich im Gegensatz zum Trott der Gegenwart als erhabenes Jenseits vor. Derweilen verlief das Leben auf Erden jahrhundertelang im selben Rhythmus und nach den gleichen Regeln.

... und jetzt

Erst der moderne Mensch hat den Charakter der Zukunft verändert, er hat sie säkularisiert. Mit wissenschaftlicher Strenge und genauen, langwierigen Analysen hat er die Geheimnisse der Materie und die Kräfte der Erde und des Weltalls aufgedeckt. Er hat das Phantastische entschleiert, die Metaphysik am Prüfstein der Vernunft gemessen und kennt nun fast alle physikalischen Gesetze, die des unendlich großen Kosmos genauso wie die der unendlich kleinen Atomteilchen, was aber nicht heißt, daß er sich selbst deswegen viel besser kennt.

Jedenfalls ist es eine Tatsache, daß der Mensch sich aufgrund der Kenntnis seiner Umwelt und der Natur in Sachen Zukunft einige Freiheiten herausnimmt. Er denkt, daß er aufgrund gewisser Gegebenheiten und Hypothesen nunmehr in der Lage ist, einen Teil der Zukunft zu enthüllen, sie in Szenarios zu pressen oder zumindest in bezug auf das durchschnittliche Individuum, einen bestimmten Beruf oder einen Industriezweig ihre Tendenzen zu kennen. Er sagt alles vorher und arbeitet ständig kurz- und mittelfristige Projektionen für eine ganze Reihe seiner Tätigkeiten aus.

Da er entdeckt hat, daß seine irdische Zukunft nicht wenige Risiken enthält, bemüht sich der Mensch, sie unter Kontrolle zu bekommen oder sie zumindest nur begrenzt wirksam werden zu lassen. Er entwickelt Medikamente gegen viele Krankheiten, lagert den Weizen, verschafft sich vielerlei Informationen über alles, was ihn interessiert, versucht, die Launen des Wetters vorherzusagen und schafft sich ein soziales Netz, um sich ein Mindestmaß an Wohlergehen und Fürsorge für Notfälle und für das Alter zu verschaffen.

Auf seiner Suche nach Sicherheit ist er jedoch in die Falle gegangen, die er sich unwillkürlich gestellt hat. Zwar stimmt es, daß er die nächste Zukunft teilweise vorhersehen und sich gegen einige ihrer Wechselfälle schützen kann, doch haben Fortschritte in diese Richtung langfristig oft eine gegenteilige Wirkung. Seine Fähigkeiten und kurzfristigen Erfolge steigen dem Menschen zu Kopf, und so macht er sich nicht klar, daß er in vielen Fällen die Vorteile von heute morgen schon teuer bezahlen muß. Außerdem vergißt er über der Anwendung der naturwissenschaftlichen Vernunft auf alles und jedes die Anregungen der Philosophie, der Ethik und des Glaubens, durch die allein aus seinen Unternehmen ein harmonisches Ganzes werden kann. Denn ohne deren Unterstützung verläßt er sich allzusehr auf seine hervorragende Technologie und macht alles Machbare, ohne sich zu fragen, wohin dieser Weg ihn führt. Und dadurch wird seine Zukunft erst recht unkalkulierbar.

Außerdem muß der Mensch, je weiter er auf diesem Weg fortschreitet und je größer seine Vorhaben werden, immer komplexere und ausgeklügeltere Systeme erstellen, um sie zu leiten bzw. zu beherrschen, und das gilt für Städte, Industrien, Informations-, Kommunikations- und Transportsysteme gleichermaßen. Diese Aufgabe nimmt ihn so sehr in Anspruch, daß er keine Zeit mehr hat, darüber nachzudenken, ob er mit der Entwicklung dieser Systeme nicht seine Beziehungen zur Natur, die er schon weitgehend abgebrochen hat, weiter verschlechtert oder ganz und gar vernachlässigt, obwohl sie für sein Leben so wichtig sind. Und wenn die Natur dann nicht so reagiert, wie er es will, dann verfällt er auf die Idee, er könne durch die Kreuzung von Arten oder die Manipulation von Genen selbst Natur spielen oder sie gar verbessern, obwohl es ihm an der Weisheit und der Geduld mangelt, die die Natur in der Geschichte ihrer Evolution walten ließ. Niemand kann vorhersehen, welche Folgen das haben wird.

Der moderne Mensch ist so sehr in diesem komplexen Räderwerk befangen, daß er bei dem Versuch seiner Kontrolle auf neuartige Instrumente zurückgreifen muß, die selbst immer komplizierter werden. Er versucht, die Computer, seine tollste Errungenschaft, die drauf und dran sind, ihn in allen Entscheidungen teilweise oder ganz zu ersetzen, mit den heuristischen Fähigkeiten einer künstlichen Intelligenz auszustatten. Mit deren Hilfe hofft er, sich in dem Labyrinth seiner halb natürlichen, halb maschinellen Welt orientieren zu können. Er vertraut immer mehr auf mathematische Modelle, um die Realität dieser von ihm geschaffenen fremden Welt zu simulieren und um herauszufinden, welcher Logik er in seinem Verhalten folgt.

Kein Wunder, daß man mit all diesen Bemühungen die gegenwärtige Gesellschaft nicht aus dem Sumpf von Schwierigkeiten ziehen konnte, in dem sie momentan zu versinken droht. Und zwar deshalb, weil sie derselben Mentalität entspringen, die in die Krise geführt hat. Denn man sucht den heilsamen Fortschritt vor allem außerhalb des Menschen und nicht in einer Besserung unserer eigenen Denk- und Verhaltensweisen. Der moderne Mensch kann alles verändern, doch darüber vergißt er, sich selbst zu entwickeln.

Dies alles hat zum Ergebnis, daß unsere Zukunft unsicherer und vager denn je ist.

Das Ende der Automatismen

Diese wenigen Beobachtungen genügen für den Hinweis, daß wir nur wenige Anhaltspunkte brauchen, um zu verstehen, in welch verhängnisvolle Richtung wir uns bewegen. Früher konnten uns noch gewisse Automatismen helfen. Heutzutage sind sie aber zu schwach geworden oder sie funktionieren nicht mehr einwandfrei.

Einer dieser Automatismen ist die Fähigkeit der Natur, sich zu regenerieren. In ihrer erstaunlichen Weisheit, die sie durch ihr ständiges Experimentieren im Laufe der Geschichte erworben hat, hat sie sich Selbstkontrollen und Mechanismen zur Selbststeuerung und Wiederherstellung des Gleichgewichts geschaffen und alle Lebewesen damit ausgestattet. Dank dieser Eigenschaft, die wir Homöostase nennen, können Ökosysteme auch große Quantitäten an Schad- oder anomalen Stoffen absorbieren bzw. abbauen oder ausscheiden. Alle diese Fähigkeiten wirken jedoch nicht unbegrenzt. Und in seinem dunklen Drang hat der moderne Mensch diese Grenze an mehreren Stellen verletzt. Die belebte Natur ist nicht mehr in der Lage, sich gegen den massiven Ansturm der auf industrieller Stufenleiter produzierten Abfälle und der Tausenden von chemischen Produkten, die unsere Zivilisation ständig produziert, zu wehren. Ihre Fähigkeit zur Regeneration reicht nicht aus, um all die Schäden wiedergutzumachen, die sie durch den Menschen erleidet.

Auch in der Sphäre menschlicher Systeme gab es noch bis vor kurzem Mechanismen, auf die man sich verlassen konnte, inzwischen sind sie jedoch entweder defekt oder sie funktionieren nur unregelmäßig. In weniger krisenhaften Zeiten bestand ihre Stärke in der periodischen Befragung des Wählers, im Wechsel der Regierungsparteien infolge einer geistigen Auseinandersetzung und der Bewertung verschiedener Politiken durch die Bürger. Diese Mechanismen sind heute nicht mehr in der Lage, das fruchtbare Gleichgewicht zwischen Regierung und Opposition, Bürger und Staat zu garantieren, das sich in Regierungswechseln so oft bewährt hat und die eigentliche Basis der Demokratie darstellt. Selbst wenn sie noch regelmäßig funktionieren, können sie dem gewachsenen Mitbestimmungs- und Innovationsbedürfnis der komplexen und integrierten Gesellschaften von heute nicht mehr genügen, denn sie sind mit Problemen konfrontiert, die weder die Parteien noch die Wähler und womöglich nicht einmal die Experten richtig verstehen. Wir brauchen offenbar neue, zeitgemäße gesellschaftliche und politische Prozesse, doch die müssen erst noch erfunden werden.

Auch das Spiel von Angebot und Nachfrage funktioniert nicht mehr so, wie es sollte. Das Knappwerden gewisser Ressourcen, die Anarchie unserer Währungssysteme, die galoppierende Inflation, die Politik der Monopole und Oligopole und die wachsenden Staatseingriffe auf nationaler und internationaler Ebene haben die alten Spielregeln des Marktes bis zur Unkenntlichkeit verzerrt. Die Preise sind oft politische Preise oder weitgehend manipuliert bzw. jenseits des Marktes festgesetzt. Sie sind nicht mehr das Ergebnis des Wechselspiels von Angebot und Nachfrage, sondern gehen als fixe Größe in es ein, und auch die Käufer können vor lauter Manipulation durch die Werbung nicht mehr frei entscheiden. Weder die Produzenten noch die Konsumenten noch die Gesellschaft können mehr der „unsichtbaren Hand" vertrauen, die nach der klassischen Lehre den für alle optimalen Gleichgewichtspreis bewirkte. Stattdessen scheint ein „geheimnisvoller Stiefel" zu existieren, der alle Welt mit Fußtritten traktiert.

Ein weiteres Beispiel für das Ende der Automatismen sind die Wirtschaftsprognosen. Bislang war man der Ansicht, man könne aus dem Studium der Vergangenheit Lehren für die Zukunft ziehen. Von daher ist man auf die Idee gekommen, das Studium des Rhythmus, in dem sich menschliche Systeme verändern, könne hilfreich sein, um ihre künftige Tendenz vorherzusehen. Eine interessante Anwendung dieser Hypothese existiert auf dem Gebiet der Ökonomie, die, man höre und staune, noch immer einen Ehrenplatz innehat. Man untersuchte die historischen Veränderungen wirtschaftlicher Tatbestände und glaubte feststellen zu können, daß sie in ihrer Periodizität drei Arten von Zyklen gehorchen. Der erste dauert nur drei bis sieben Jahre, er ist der normale ökonomische Zyklus. Der zweite umfaßt 15 bis 20 Jahre, man nennt ihn die Kuznets-Wellen. Der dritte dauert 45 bis 60 Jahre und entspricht den Kondratieff-Wellen[1]. Von den zahllosen Wirtschaftsprognosen verwenden einige dieses Zyklus-Modell in ihren Projektionen für die Zukunft.

Ich leugne nicht, daß das Studium der Vergangenheit den Ursprung gewisser Erscheinungen und die Gründe für ihre Veränderung erhellen kann und daß das Zyklus-Modell ein nützliches Instrument für diese Analyse ist. Die Extrapolation von Tendenzen aus der Vergangenheit führt jedoch leicht zu irrigen Annahmen. Wir befinden uns nämlich in einer Periode grundlegender Veränderungen, in der Störungen des Rhythmus, Diskontinuitäten und eine Umkehrung von Tendenzen in ihr Gegenteil auftreten. Daher meine Warnung: Wenn wir uns zu sehr an der Vergangenheit orientieren, dann setzen wir uns womöglich der Gefahr aus, die Zukunft im Rückwärtsgang bewältigen zu wollen.

Die Phase der Geschichte, die vor uns liegt, ist vollkommen neuartig. Die Lehren aus der Vergangenheit nützen uns nur wenig; die Mechanismen, die früher noch unsere Irrtümer schlucken oder korrigieren konnten, funktionieren nicht mehr. Wenn wir uns orientieren wollen, dann müssen wir unsere Einstellung radikal ändern und uns bemühen, eine mutige und realistische Zukunftsvision zu entwerfen.

---

[1] Anm. des Übersetzers: Vgl. Paul A. Samuelson, *Volkswirtschaftslehre,* Köln 1972, Kondratieff-Wellen: I, 320 Anm., Kuznets, S.: II, 470.

Die Zukunft liegt allein in unserer Hand

Ja, wir müssen uns ändern, denn die Zukunft ist nicht mehr, was sie war. Sie ist ganz anders, weil sie in einem ganz neuen Verhältnis zur Gegenwart steht. Sie wird nicht einfach die *Fortsetzung* der Gegenwart sein, sondern deren *Konsequenz*. Unsere Väter konnten die Zukunft noch mit guten Gründen als Fortsetzung ihrer Zeit betrachten; und ihre Gegenwart war ihrerseits durch dieselben Zwangsläufigkeiten und Alternativen gekennzeichnet, die deren Vergangenheit bestimmt hatten. Jetzt sind die Unterschiede tiefgreifender Art. Die Kluft selbst zwischen der jüngsten Vergangenheit und der Gegenwart ist offenkundig; und obwohl letztere notwendigerweise der Ausgangspunkt der Zukunft ist, verspricht der Unterschied zwischen ihnen noch größer zu werden. Das liegt an der Tatsache, daß der Mensch eine beherrschende Rolle spielt, und zwar nicht nur als Hauptdarsteller, sondern auch als Autor.

Es ist jedenfalls klar, daß die Zukunft nicht in einem großen Schicksalsbuch festgeschrieben steht, das die Propheten und Wissenschaftler nur zu entziffern bräuchten. Die Zukunft wird ebensowenig ein Produkt von Zufällen oder von verborgenen Kräften sein, die wir noch nicht kennen. Zwar können außergewöhnliche Ereignisse wie die Ankunft eines Kometen oder eine Ausbreitung der Sonnenflecken die Lebensbedingungen auf der Erde verändern. Doch ist unser Einsatz zu hoch, als daß wir uns in unseren Überlegungen von solchen Spekulationen leiten lassen könnten. Andererseits ist nur ein wenig gesunder Menschenverstand nötig, um auszuschließen, daß gute oder böse überirdische Mächte unsere Zukunft bestimmen. Unsere Kenntnisse von unserem Planeten und vom Menschen verpflichten uns, die Logik der Zukunft auf objektivere und realistischere Weise zu suchen.

Die Zukunft, die uns betrifft, diejenige, mit der unsere und die nächste Generation rechnen können oder vor der sie sich fürchten müssen, wird nämlich ein *Produkt des Menschen* sein. Der moderne Mensch ist zum Subjekt der Veränderungen geworden, die sich in dem Winkel des Alls abspielen, dessen Herr er geworden ist. Unter diesen Umständen ist die Zukunft seine ausschließliche Aufgabe, sie hängt wesentlich von ihm ab. Um es noch deutlicher zu sagen, sie hängt davon ab, was die Milliarden Bewohner unseres Planeten Tag für Tag tun und wie sie es tun. Wenn sie zum Produkt ihrer kleinlichen Auseinandersetzungen wird, dann wird es eine elende Zukunft in einer unbewohnbaren Welt sein. Wenn sie hingegen ihrer Verantwortung und ihrem Engagement, aus der Gegenwart das Beste zu machen, entspringt, dann kann sie eine menschenwürdige Zukunft werden in einer Welt, in der wir selbst, unsere Kinder und Enkelkinder in Frieden arbeiten, leben und lieben können.

Es ist dies das erste Mal, daß *die Zukunft des Menschen allein in seiner Hand liegt,* das erste Mal, daß er als Steuermann das Raumschiff Erde auf seiner Reise in die nächsten Jahrhunderte steuern kann. Seine Verantwortung ist so groß, daß sie zugleich eine schöne Aufgabe und eine schwere Bürde ist. Nach der ausgezeichneten Definition des Biologen Julian Huxley besteht „seine Rolle, ob er will oder nicht, darin, die Evolution auf Erden zu lenken, und seine Aufgabe darin, diesen Prozeß anzuleiten und ihn auf den Weg des Fortschritts zu führen". Die Frage lautet also: Ist der Mensch dieser außerordentlichen Rolle gewachsen?

Dabei sind die möglichen Antworten auf diese Frage vielleicht weniger wichtig als die Frage selbst. Denn wenn wir sie uns stellen, dann werden wir uns dessen bewußt, daß wir uns in einer ganz neuen Lage befinden, in der wir soviel Verantwortung haben wie nie zuvor, und daß wir aus Versehen, Gedankenlosigkeit oder gar aus Dummheit eine unheilvolle Zukunft heraufbeschwören können. Dann merken wir auch, wie zwecklos es ist, die Zukunft vorhersagen zu wollen, wozu viele unserer Zeitgenossen neigen, und wie nötig umgekehrt unsere Mitarbeit ist, um sie intelligent vorzubereiten. Zu viele Faktoren spielen zusammen bei der Entstehung der Zukunft, und kein noch so begabter Mensch ist fähig, sie alle vorhersehen zu können. Doch gemeinsam können und müssen die Menschen ihre Zukunft entwerfen und erbauen.

Die Zukunft zu entwerfen ist die wichtigste und schwierigste Aufgabe des Menschen. Wie wir noch sehen werden, muß es ein kultureller Entwurf sein, und davon hängt Sein oder Nicht-Sein der Zukunft ab. Denn die Zukunft wird entweder einen großen kulturellen Wandel bringen oder sie wird nicht sein.

Eine Zukunft für alle

Daß der Mensch Herr über seine ganze Zukunft ist, das ist ein Grundkonzept, das den Ausgangspunkt einer nie dagewesenen Vision von uns selbst, unserer Welt und unserem Platz in ihr bildet. Dieses Konzept muß jedoch logischerweise ergänzt werden um einen weiteren sowohl theoretisch als auch praktisch wichtigen Begriff, und zwar den des *gemeinsamen Schicksals der Menschheit.*

Die Welt ist immer kleiner geworden, und sie schrumpft mit wachsender Geschwindigkeit, da die Zahl, die Macht und die Ansprüche ihrer Bewohner ständig steigen. Und auch in ihrer Funktionsweise wird der Grad an Integration und Interdependenz immer größer. Die Querverbindungen zwischen den verschiedenen Systemen, die im Dienste der Gesellschaft stehen, werden zunehmen und dadurch ein Ganzes bilden, das wir später das globale Metasystem nennen werden, in dem die Dynamik des einen Systems immer mehr das andere beeinflußt.

Die Rede von der Einheit der Welt ist heutzutage also nicht bloß ein frommer Wunsch oder eine leere Phrase, sondern ein Faktum in einer sich entwickelnden Realität, das morgen noch stärker wirken und noch klarer auf der Hand liegen wird. Mehr als 2000 Wissenschaftler aller Disziplinen haben dies bereits in einer aufrüttelnden, aber leider ungehört gebliebenen Botschaft festgestellt, die sie 1971 von Menton aus an die UNO gerichtet haben. Darin forderten sie: „Wir müssen nunmehr die Erde, die uns bisher unerschöpflich schien, in ihrer Beschränktheit sehen. Wir leben in einem geschlossenen System, wir sind total abhängig voneinander und von der Erde, und das gilt sowohl für unser Leben als auch für das der kommenden Generationen. Alles, was uns trennt, ist viel unwichtiger als das, was uns eint, und das ist vor allem die Gefahr, vor der wir stehen."

Wenn die Welt eine Einheit ist, dann hat sie nur ein Schicksal, dann gibt es nur ein einziges Schicksal für die große Familie der Erdenbewohner, ein einziges für die ganze Menschheit. Natürlich wird es die durchaus nennenswerten Unterschiede zwischen den Regionen im Klima, der Sonneneinstrahlung, der Niederschlagsmenge, der Flora und Fauna weiterhin geben. Auch werden sich die Völker weiterhin in ihrem Charakter, ihren Sitten und ihrem Geschmack, ihrer Neigung zur Arbeit oder zur Kontemplation, in ihrem Einkommen und ihrer Lebensqualität unterscheiden. Desgleichen werden die Besonderheiten in den Grundbedingungen und Entwicklungsweisen der verschiedenen Gesellschaften erhalten bleiben. Die Verbreitung unserer Gattung über den Erdball mit ihrer kulturellen Pluralität und ihrem kulturellen Wandel zeigen ja gerade ihre Anpassungsfähigkeit und bilden ein unersetzliches Reservoir an Möglichkeiten. Doch all diese Unterschiede werden es nicht verhindern, daß alle menschlichen Gesellschaften, gleichgültig in welcher Lage sie sich momentan befinden, ein gemeinsames Schicksal erleiden. Selbst die Supermächte mit ihrer militärischen und wirtschaftlichen Macht und all ihren anderen Mitteln, ihrem Willen Geltung zu verschaffen, können sich diesem Schicksal nicht entziehen.

Ein bedeutsamer Unterschied der Zukunft zum heutigen Zustand unserer Politik, Wirtschaft und Gesellschaft wird darin liegen, daß die unvermeidliche stärkere Verflechtung des weltweiten Systems in *eine fortschreitende Konvergenz der Zukunft aller Völker* mündet. Die verschiedenen Gesellschaften werden eng miteinander verbunden sein über ein Netz lebenswichtiger Beziehungen, die sich sowohl im guten als auch im schlechten Sinne wechselseitig bedingen. Ein Abbruch dieser Verbindungen ist dann nicht mehr denkbar. Er würde das ganze System ins Chaos stürzen, was niemand wollen kann.

Wenn man sich dessen bewußt wird, daß jede Gesellschaft ein Interesse daran haben muß, daß die anderen Gesellschaften Fortschritte machen und gut funktionieren, dann ist der Weg offen für eine bessere Zukunft. Dies ist eine grundlegende Wahrheit, die wir so früh wie möglich erkennen müssen. In bezug auf die Ökosysteme hat man schon einen ersten Schritt in diese Richtung getan, indem man erkannte, daß sie großenteils voneinander abhängig sind und daß ihre individuelle und kollektive biologische Verschiedenheit ein Stabilitätsfaktor und kein Zeichen von Schwäche ist. Jetzt ist aber die Zeit gekommen, wo wir erkennen müssen, daß unser globales Metasystem sich in einer ähnlichen Lage befindet. Wir alle können nicht nur ein Interesse an unserer eigenen Zukunft haben, sondern müssen auch eines an der Zukunft der anderen Völker haben, mit denen wir uns in die Zukunft teilen müssen, auch wenn sie ganz anders sind als wir.

Diese wenigen Überlegungen eröffnen uns ein Verständnis dafür, wie notwendig es ist, daß die Menschheit sich besser auf die Zukunft vorbereitet, daß sie moralisch und existentiell, mit einem Wort kulturell besser wird, als sie ist. Die Zukunft ist nicht mehr, was sie war oder was sie hätte sein können, wenn die Menschen ihren Kopf und ihre Chancen besser genutzt hätten. Aber was sie realistischer- und vernünftigerweise nur wollen können, kann noch wahr werden, wenn sie es nur wirklich wollen und sich bessern.

Wir sind also an einem Punkt des Abenteuers Mensch angelangt, wo das gemeinsame Wissen, Können und Wollen dem Menschen die Schlüssel zu seiner Zukunft in die Hand geben können. Er muß nun lernen, diese Mittel für eine bessere Zukunft einzusetzen.

Ein Meisterwerk oder eine Laune der Natur?

Milliarden Jahre Erdgeschichte

Man muß einen Blick in die Tiefen der Vergangenheit werfen, um ein Gefühl für die Perspektive zu gewinnen, denn nur in einer weitläufigen Perspektive sehen wir unsere Generationen an dem Platz, der ihnen gebührt, am Gipfel unserer Gattungsgeschichte, dann erscheint uns aber auch die Geschichte des Menschen als Fußnote zur Evolution des Lebens. Wir müssen allerdings sehr weit zurückgehen in die Vergangenheit, um eine Gesamtschau dieser beiden relativen Positionen zu erreichen. Der Zweck dieser Übung bringt es mit sich, daß wir mit sehr groben Annäherungen arbeiten. Die Mühe lohnt sich trotzdem, und sei es auch nur um der Provokation willen. Ich hoffe, daß die sich daraus ergebende Perspektive nicht nur überhaupt zum Nachdenken anregt, sondern bei dieser Gelegenheit auch von den Fachleuten in ihren Proportionen zurechtgerückt wird.

Das Weltall ist vor mehreren zehn Milliarden Jahren infolge einer kolossalen Explosion von Primärenergie entstanden. In einem kleinen Winkel dieses riesigen Alls befindet sich unsere Erde, ein Himmelskörper, der im Vergleich zum ganzen Universum nur ein winzig kleines Teilchen ist. Die Erde ist ein ziemlich einzigartiger Planet in unserem Sonnensystem, und dieses zieht seine kosmischen Bahnen als Teil einer von unvorstellbar vielen Galaxien, von denen jede wiederum Milliarden von Sternen zählt.

Sehr wahrscheinlich gibt es unter diesen Sternen solche, die unserer Erde ähneln, doch interessiert uns hier nur letztere. Sie ist ungefähr halb so alt wie das Universum. Obwohl ihre nächste Zukunft unser Thema ist – und das ist eine Frage von Jahrzehnten –, trägt es zu deren Verständnis bei, wenn wir rückwärts blicken. Für diese Retrospektive nehmen wir der Einfachheit halber an, daß die Erde sechs Milliarden Jahre alt ist. Dann sind die ersten Anzeichen von Leben ungefähr in der Mitte ihrer Existenz, also vor drei Milliarden Jahren, aufgetaucht.

Wenn wir diese beiden Daten auf die sechs Schöpfungstage von Montag bis Samstag projizieren, dann ist die Erde in den ersten Minuten des Montagmorgens geboren und das erste Leben ist in den ersten Minuten des Donnerstagmorgens aufgekeimt. Daraufhin sind diese ersten Keime langsam, aber sicher aufgegangen, und so entstand das organische Leben im Fluß der universellen Energie. Es begann, sich zu verbreiten, zu einer Menge von Arten zu entwickeln und seine Umwelt zu beeinflussen. So bildete sich die Biosphäre heraus. Durch verschiedene Stufen von Selbstorganisation hindurch breitete sich diese immer größere Formenvielfalt an den nächsten drei Schöpfungstagen, Donnerstag, Freitag und Samstag, so weit aus, bis sie den ganzen Planeten überzogen hatte.

Als dann auf einer dieser Stufen, vor 200 Millionen Jahren, ihre entwickeltsten Arten, die Säugetiere, auftraten, brach gerade der Samstagabend an. Die Evolution ging ihren langsamen, aber unerbittlichen Gang. Doch erst in den jüngsten geologischen Zeitaltern zogen unsere entfernten Vorfahren, die auf Bäumen leb-

● Jeder Millimeter entspricht ungefähr zwei Millionen Jahren.

● Die sieben inneren Kreise entsprechen sieben Pflanzenarten, die äußeren Kreise den Tierarten. Helle bzw. dunkle Grautöne zeigen an, ob sie sich progressiv oder regressiv entwickeln.

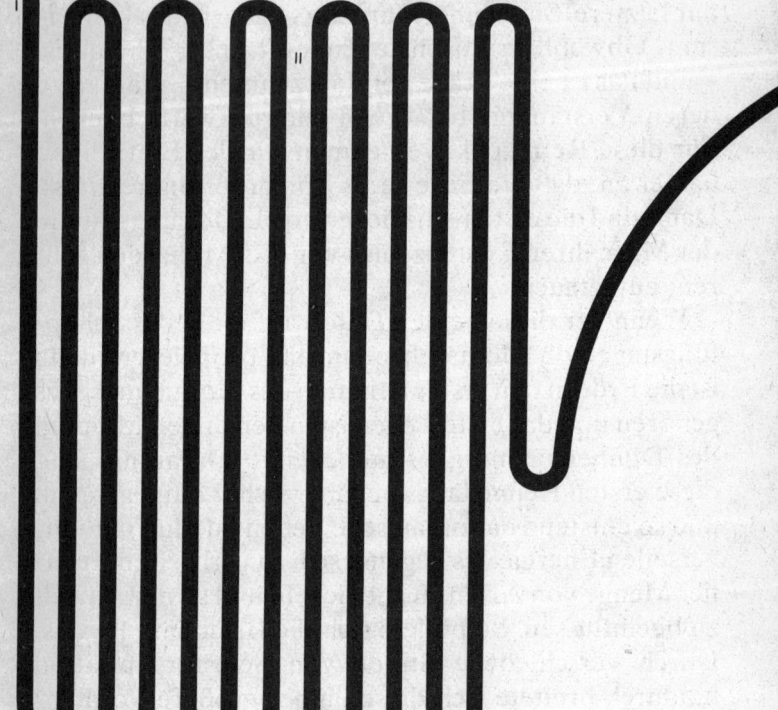

Erdzeitalter

I Archaikum	IV Mesozoikum	c Oligozen
II Algonkium	(Sekundär)	d Miozen
III Paläozoikum	F Trias	e Pliozen
(Primär)	G Jura	J Quartär
A Kambrium	H Kreide	f Pleistozen
B Silur	V Känozoikum	g Holozen
C Devon	I Tertiär	
D Karbon	a Paleozen	
E Perm	b Eozen	

Der Anfang...

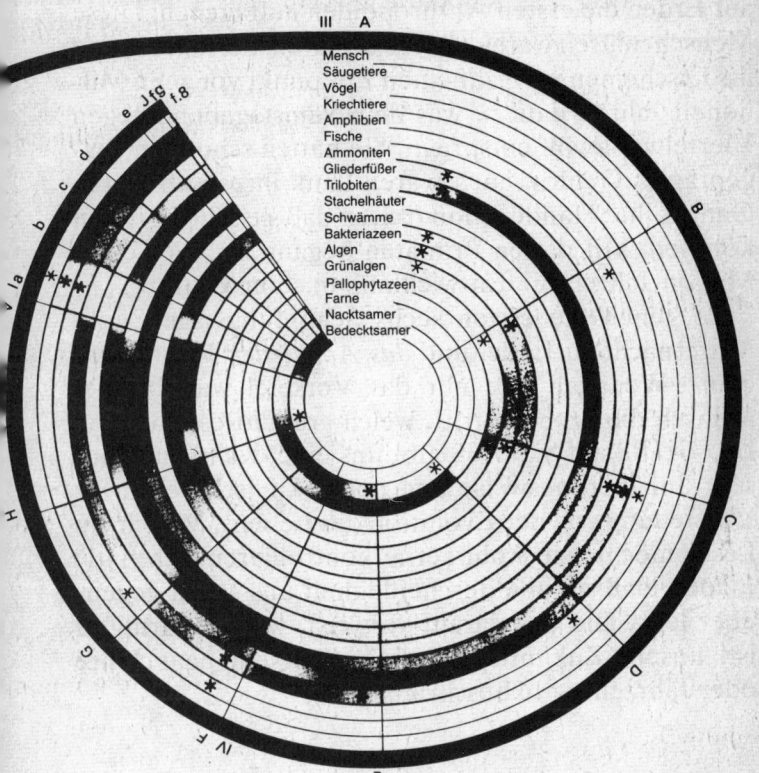

Der Mensch erschien sehr spät auf der Bühne des Lebens

Dieses Schaubild gibt die Evolution des Lebens, die der Geburt der Gattung Mensch vorherging, naturgemäß nur sehr annäherungsweise wieder. Sie sollte uns jedoch zur demütigen Betrachtung der Randexistenz anregen, die wir sowohl räumlich als auch zeitlich auf unserem Planeten führen.

Schaubild aus der Zeitschrift *Successo*, Mailand, Dezember 1973, zur Illustration des Artikels von Aurelio Peccei »The Moment of Truth is Approaching« (Der Augenblick der Wahrheit rückt näher).

ten und Insekten- und Pflanzenfresser waren, vom Wald in die Savanne und begannen, aufrecht zu gehen. Dann dauerte es wiederum sehr lange, bis hier und da auf Erden die ersten Anthropoiden auftauchen. Diese Menschenaffen waren unsere direkten Vorfahren, und ihr Erscheinen wird auf einen Zeitpunkt vor zehn Millionen Jahren datiert, was dem Samstagabend gegen Viertel vor zwölf entspricht. Sie hatten schon ein ausgeprägtes Gehirn, auch waren dank ihres aufrechten Ganges ihre Hände schon frei, so daß sie schon greifen konnten. Mit diesen Primaten begann also vor einer Million Jahren die Entwicklung unserer Gattung.

So gehen die ersten sechs Schöpfungstage Punkt Mitternacht zu Ende, und *das Abenteuer Mensch beginnt.* Wenn all dies nur das Vorspiel war, bis der Mensch die Szene betritt, welch grandioses Vorspiel! Die Grafik auf S. 30/31 gibt uns eine, wenn auch nur sehr annäherungsweise und perspektivisch verkürzte Vorstellung von der Evolution des Lebens. Manch ein Leser möchte sie wohl gerne kontrollieren. Ich finde jedoch, daß sie uns Bescheidenheit uns selbst gegenüber lehrt und uns darauf verweist, wie engstirnig es ist, unsere Zukunftsperspektive auf ein paar Jahre oder Jahrzehnte zu beschränken.

Der Mensch – kaum älter als eine Million Jahre

Mit dem Erscheinen des Menschen vor ungefähr einer Million Jahren beginnt also ein neues Zeitalter. Auf unserem kosmogonischen Kalender entspricht dies weniger als einer Minute. Und in diesem kurzen Zeitraum hat sich das ganze Abenteuer Mensch abgespielt, das den Rhythmus des Lebens auf Erden so vollkommen verändert hat.

Es stellt sich nun die Frage, ob die Natur diese ihre letzte große Gattung, die wir *homo sapiens* nennen, in einem großen Schöpfungsakt oder einem Moment geistiger Umnachtung geschaffen hat? Ist der Mensch ihr Meisterwerk oder im Gegenteil ein Überbleibsel, das die natürliche Selektion fälschlicherweise überlebt hat und so zeitweise in den Mahlstrom des Lebens gelangt ist? Und das Leben? Wird es ihn eliminieren, wenn er allzu viele andere Lebewesen behindert oder wenn er biologisch schwächer wird? All das sind Fragen, auf die es mehr und mehr kontroverse Antworten gibt, worüber wir später noch diskutieren werden. Mein Vorschlag lautet vorläufig: Wir geben dem Menschen noch eine Chance, sind uns dabei aber bewußt, daß eine Million Jahre im Vergleich zu den Zyklen der Evolution wahrscheinlich eine zu kurze Zeit sind, um ein endgültiges Urteil zu fällen.

Um zu verstehen, was sich jetzt abspielt und was unserer Gattung morgen passieren kann, ist es notwendig, diese Million Jahre seit der Existenz des Menschen näher zu untersuchen. Zu diesem Zweck brauchen wir einen anderen Maßstab und einen anderen Kalender, den Maßstab der Jahrhunderte und den Kalender der Geschichte, die uns beide vertrauter sind.

Eine Million Jahre sind 10 000 Jahrhunderte. Schon zu Beginn seiner Existenz mußte der Mensch erbitterte Kämpfe führen in einer schon von Millionen anderer Arten bevölkerten Welt. Zuerst mußte er sich allmählich seinen Platz in seiner Umwelt erobern, die er ja mit vielen anderen Arten teilte. Dann mußte er sich im Kampf um Nahrung und Sicherheit schrittweise bessere Positionen schaffen. Doch war er aufgrund seiner Vorzüge – er hatte ein Gehirn und Hände, und er hatte Werkzeuge, Behausungen und Waffen – seinen Konkurrenten bald absolut überlegen. Dank der Sprache, die seine Intelligenz und sein Gedächtnis weiter schulte, und dank seiner Fähigkeit, sich in Gemeinschaften zu organisieren, wurde der Mensch schließlich unbesiegbar.

Wir müssen aber zugeben, daß wir von den Kämpfen und dem wechselvollen Schicksal in der Periode des Aufstiegs nur wenig wissen. Weder sein Denken noch die Sitten der prähistorischen Periode sind uns bekannt, d.h. 99 Prozent der einen Million Jahre liegen im Dunkeln. Die bekannteste Periode des Abenteuers Mensch beginnt grosso modo erst vor 10 000 Jahren. Dies sind *die entscheidenden zehntausend Jahre.* Sie entsprechen einem Prozent der Geschichte des Menschen und einer halben Sekunde der Schöpfungsgeschichte.

Ein neues Kapitel beginnt in dem Moment, als der Mensch sich nach der Entdeckung bzw. Erfindung der ersten, noch primitiven Techniken des Ackerbaus nicht mehr bloß von den Früchten und Tieren des Waldes ernährt, sondern auch Ackerbau betreibt. Dadurch änderte sich schlagartig sein Verhältnis zur Natur. Um sich zu ernähren, mußte er nun nicht mehr weite Landstriche kontrollieren, um als Parasit von den Tieren und Pflanzen zu zehren, die im Naturzustand dort lebten. Von nun an konnte er seine Bedürfnisse vielmehr mittels der Kultivierung kleinerer Gebiete befriedigen. Sein Leben war sicherer geworden; es eröffneten sich ihm weitere Horizonte.

Die entscheidenden zehntausend Jahre

Wie die vorangegangene Entdeckung des Feuers, so löste auch die Erfindung des Ackerbaus tiefgreifende Änderungen aller Art in den Lebensumständen des Menschen und anderer Formen des Lebens auf diesem Planeten aus. Für unsere Gattung war sie *der größte metamorphische kulturelle Wandel* bis in unsere Tage. Zu dieser Zeit bestand die Menschheit noch aus kleinen Familien- oder Stammesgemeinschaften – es waren jedenfalls nicht mehr als ein paar Millionen Individuen. Sie ließen sich in der Folgezeit auf den fruchtbaren Ländereien nieder und begannen, sich demographisch und kulturell zu entwickeln.

Da sie nun sicherer lebten und mehr freie Zeit hatten, erschöpften sich ihre Bemühungen nicht mehr im Kampf ums Überleben. Sie konnten nun auch weniger unmittelbare Bedürfnisse befriedigen, ihr Leben verschönern und die denkwürdigsten Ereignisse aufzeichnen. Seither sind uns verläßliche Dokumente ihres Denkens und ihrer Lebens- und Ausdrucksweise in Fülle überliefert. So begann vor etwa 10 000 Jahren das, was wir *die Geschichte* nennen. 10 000 Jahre sind, wie wir gesehen haben, eine sehr, sehr kurze Zeit, verglichen mit den Zyklen der Evolution. Aber unsere Vorfahren haben nicht länger gebraucht, bis sie ihren Geist zu Meisterwerken der Kunst, ihre soziale Phantasie zur Blüte glorreicher Zivilisationen, ihre zivile und militärische Tugend zur Gründung von Weltreichen entwickelten und Eroberungen und Entdeckungen machten, die den Menschen zur Krone der Schöpfung werden ließen.

Ein Rückblick auf das Epos der Menschheitsgeschichte vermag uns jedoch nicht ihren ganzen Sinn zu offenbaren, wenn wir nicht zwei Perioden unterscheiden, von denen jede ihre ganz eigene Bedeutung hat und die unter gegensätzlichen Vorzeichen stehen.

Die erste bedeutende Periode in der Geschichte des Menschen ist die der *Geburt der großen Religionen*. Sie umfaßt etwa ein Viertel der 10000 Jahre, wenn man sie von 2000 vor Christus bis zur Stiftung des Islam in der Mitte des siebten Jahrhunderts nach Christus rechnet. Diese großen geistigen Strömungen haben alle möglichen geschichtlichen Wechselfälle überlebt und sind noch heute ein starker, wenn auch nicht mehr entscheidender Faktor im Leben unserer Industriegesellschaften. Konzipiert wurden sie jedoch in bäuerlichen oder Nomadengesellschaften, als die Leute noch im direkten Kontakt mit der Natur lebten.

Die Natur und das Geheimnis ihrer Entstehung haben die Phantasie des Menschen je schon beschäftigt. In Anbetracht der unendlichen Weite des Meeres, des Himmels und der Erde fragte sich das Individuum, was wohl jenseits seines Horizonts liegt. Während es sich über die Vielfalt der verschiedenen Tiere und Pflanzen in seiner Umgebung, ihre Instinkte und ihre wunderbare Fähigkeit, sich zu reproduzieren und zu überleben, wunderte, fragte es sich auch, ob es nicht anderswo überirdische Wesen geben könne. Im Angesicht von Stürmen, Winden, Meeren und Vulkanen, von Erdbeben und Waldbränden stellte der Mensch fest, wie klein er war. Die Wunderwerke der Natur hatte er je schon bewundert, und je mehr seine Ehrfurcht wuchs, um so stärker kreiste sein Denken um die Existenz Gottes und seiner Werke. In der Intuition und Offenbarung der Kräfte, die ungeheuer viel stärker sind als er selbst, ließ er sich wiederum von der Natur inspirieren, um sie zu transzendieren. Und er war besessen von dem Bedürfnis, seine Glaubensinhalte und Gefühle zu ordnen.

Nun hätte man meinen können, daß mit dem Erscheinen und der Verbreitung der großen Religionen – allmählich bekannte sich eine große Mehrheit der Menschheit zu ihnen – die geistige Natur des Menschen über seine aggressiven und materialistischen Triebe siegen würde. Als religiöse Menschen mit einem harmonischen Innenleben hätten sie eigentlich ihren Mitmenschen gegenüber toleranter und verständnisvoller sein und zugleich die Rechte der anderen Lebewesen respektieren müssen, denen gegenüber sie zwar auf Erden einen Ehrenplatz einnehmen, deswegen aber noch lange nicht das Recht auf Leben und Tod besitzen.

Doch dem war nicht so. Und ohne die Religionsgeschichte im einzelnen studiert zu haben, glaube ich als einfacher Beobachter des Geschehens sagen zu können, daß daran größtenteils die Repräsentanten und anerkannten Interpreten der großen Religionen schuld waren. In ihrer Exklusivität haben sie sich allzu oft über das Glaubensbekenntnis und die Praxis des Glaubens erhoben. Gegenseitige Intoleranz und Dogmatismus waren die Folge, und diese speisten sich auch aus einer Art religiöser Souveränität, die das Gegenstück nationaler Souveränität ist. Statt das Gemeinwohl zu befördern, dachten sich die Kirchenmänner immer neue Rezepte aus, wie sie die anderen bekehren könnten. So wurden aus theologischen Streitgesprächen Religions- oder Heilige Kriege.

Die Institutionalisierung des Glaubens, die mit der Schaffung eines Klerus einherging, hat also nicht immer gutgetan. Trotz der ehrlichen Berufung und der edlen Gesinnung der großen Mehrheit der Männer und Frauen, die ihr Leben in den Dienst der Religion stellten, hat sich ein Kastengeist gebildet. Mehr als eine Kirche ist zumindest teilweise zu einem bürokratischen Apparat mit politischen Ambitionen geworden, der gegen autoritäre Neigungen nicht gefeit ist. Gewisse Lehrmeinungen, die oft Formelles betrafen, wurden überbetont und riefen Schismen, Abfälle vom Glauben und die Verfolgung vermeintlicher Ketzer hervor. Die von den Eingeweihten verkündete offizielle Wahrheit darf nicht mehr diskutiert werden, selbst wenn sie sich den auf einfache, verständliche Wahrheiten erpichten Gläubigen als hermetisches Gebäude präsentiert. Und um ihre Infragestellung zu vermeiden, hat man manchmal sogar die Ignoranz oder gar den Aberglauben gefördert.

Diese strukturelle Starrheit und diese dogmatische Introvertiertheit haben dem Immobilismus der großen Religionen selbst zu Zeiten Vorschub geleistet, als der Sturmwind gesellschaftlicher Veränderungen von ihnen den Übergang von einer Kulturepoche zur nächsten abverlangte. Den sensibelsten und tiefsinnigsten Weisen und Theologen fällt es schwer, zu Formeln erstarrte, rückwärtsgewandte Systeme aufzugeben oder sie den modernen Zeitläufen anzupassen. Statt die Rolle der mutigen Avantgarde zu spielen, die sie früher innehatten und aufgrund derer sie die Menschen aller Schichten zu trösten, aufzuklären und zu leiten vermochten, laufen die Religionen heutzutage Gefahr, zu einer verängstigten Nachhut zu werden, die mit den Problemen und Wünschen einer mit Sorgen geplagten Menschheit auf Irrwegen nichts mehr zu tun hat.

Und dabei besitzt die Menschheit, obwohl sie auch die Gefangene materialistischer Motivationen ist, ein *tiefes Bedürfnis nach geistigen Werten.* Und dies ist ein elementares Bedürfnis. Die Menschheit fühlt, daß sie in einer gefährlichen Leere lebt, daß sie unbedingt die Verbindung zu den Sphären wiederherstellen muß, die ihre materialistischen Motivationen transzendieren. Symptome für diesen Wandel sind die Auseinandersetzungen in den Kirchen, die neue Ökumene, die die Enge der existenten Kirchen überwindet, das verbreitete Interesse an Sekten, die trotz ihrer merkwürdigen Auffassungen wie Pilze aus dem Boden schießen, und die Rückkehr zum Respekt vor der Natur, der diesmal ökologische Züge trägt.

Es sind ermutigende Symptome. Denn *ohne eine echte geistige Neubesinnung kann es keine Erneuerung des menschlichen Geistes geben.*

Das Zeitalter der großen Revolutionen

Die zweite bedeutende, oder besser: ganz außergewöhnliche Epoche in der Geschichte des Menschen ist noch viel kürzer als die erste – sie dauert von der Mitte des 18. Jahrhunderts bis heute. In ihrer Stärke gleicht sie jedoch den großen Erdstößen. Nach einer langen Zeit der Stille geriet die Welt in Aufruhr. Zwei politische Revolutionen, die amerikanische und die französische, hatten die Gesellschaft in Bewegung gebracht und gewagte Innovationen befördert. Unter den Vorzeichen der Befreiung der Wissenschaft von Dogmen, des Aufstiegs des Bürgertums, der Geburt eines Manufakturkapitalismus und der Anwendung immer wirkungsvollerer Maschinen in der Produktion läuft das an, was ich *die materiellen Revolutionen* nenne. Dabei sind die ersten Umwälzungen industrieller und wissenschaftlicher, die letzte technologischer Art. Ihr endgültiger Durchbruch geschieht, als der Mensch seine erstaunlichen Fortschritte in der Naturwissenschaft systematisch und auf industrieller Stufenleiter auf die Praxis anzuwenden beginnt.

Dadurch gelangt die Geschichte an ihren größten und womöglich entscheidenden Wendepunkt. Die conditio humana hat sich radikal verändert. *Der Mensch erlangt ein Übermaß an Macht,* das sein Wissen, seine Fähigkeit, dessen Einsatz zu kontrollieren, und seine Selbstkontrolle übersteigt.

Die Menschheit bekommt nun eine andere Struktur, die diesen Entwicklungen nicht mehr gerecht zu werden vermag. Schon zu prähistorischen Zeiten hatten es die Menschen für nötig befunden, sich zusammenzuschließen. Damals war die Verwandtschaft das Kriterium ihres sozialen und politischen Zusammenschlusses, man gesellte sich zu Clans, Horden und Stämmen, und schließlich gelangte man zu den sogenannten „modernen" Nationalstaaten. Um ihr jeweiliges Gebiet organisiert zu bebauen, hatten sich diese *Gesellschaften* Verwaltungs- und Dienstleistungs-, Tausch- und Kommunikations*systeme* geschaffen. Im Moment haben die menschlichen Gesellschaften und Systeme jedoch andere Wege beschritten. Einerseits ist jede Gesellschaft eifersüchtig darauf bedacht, ihr Territorium und dessen Grenze zu halten, und bemüht sich, ihre Traditionen und Sitten, kurz ihre kulturelle Identität und die Unabhängigkeit und Eigenständigkeit ihrer politischen Institutionen zu bewahren, was nicht ohne Übertreibungen abgeht. Andererseits dehnen sich alle gesellschaftlichen Systeme immer mehr aus, die einen überlagern die anderen und eine wechselseitige Verflechtung, die auf nationale Grenzen keine Rücksicht nimmt, ist die Folge. Und diese Entwicklung geht unter dem Druck der materiellen Revolutionen immer schneller vor sich.

Erst kürzlich, d.h. im Laufe der letzten 20 bis 30 Jahre – ein Augenblick auf der Uhr der Geschichte –, haben diese Revolutionen einen schwindelerregenden Aufschwung genommen, und zwar mit der Verbreitung der Großtechnologie und der großen künstlichen Systeme. Seither beherrschen äußerst komplexe Systeme die Bühne des Weltgeschehens – in der Luft- und Weltraumfahrt und auf den Gebieten der Verteidigung, der Produktion und der Energie, des Transports, der Versorgung, der Kybernetik, der Kommunikation und Informatik. Sie haben unser Alltagsleben radikal verändert. Die Interdependenz, auf die ich noch öfter zu sprechen komme und die zum bekannten Schlagwort geworden ist, besteht jetzt in der Interdependenz aller Systeme, die auf nationalem, internationalem, ja globalem Niveau miteinander verflochten sind. Es besteht also eine funktionelle Interdependenz zwischen all diesen Systemen, die so gemeinsam ein Supersystem bilden – *das globale Metasystem*.

Von den materiellen Revolutionen beflügelt, erlebt der Mensch einen kometenhaften Aufstieg und krönt sich zum absoluten Herrscher über die Erde. Doch hat sich seine soziale und politische Organisation nicht dementsprechend weiterentwickelt. Die menschliche Gesellschaft ist weiterhin in getrennte, introvertierte Einheiten gespalten. Jede dieser Einheiten sucht ihren eigenen Weg zu gehen und ihre Unabhängigkeit und Überlegenheit, wenn nicht gar Vorherrschaft, auf Kosten anderer zu wahren. Obwohl es also ein globales

Metasystem gibt, existiert *keine weltweite organische Gemeinschaft,* die ihre Kraft wie in der Natur aus dem dynamischen Gleichgewicht zwischen ihren verschiedenen Teilen bezieht. Diese Dichotomie zwischen der soziopolitischen Entwicklung und dem technisch-strukturellen Fortschritt ist einer der Hauptfaktoren für die bedrohliche Lage der Menschheit.

Das neue Zeitalter, das gerade erst anbricht, hat sich mit betörenden Versprechungen angekündigt. Doch enthält es andere Elemente, die so gänzlich neu sind, daß ihre Tragweite noch im Dunkel liegt. In den folgenden Kapiteln werde ich versuchen, einige dieser Faktoren zu klären, und mögliche Entwicklungen aufzeigen. Bei dieser Analyse werde ich mich immer an *den Menschen als Fixpunkt und Prüfstein* halten. Ich werde also noch des öfteren auf ihn zu sprechen kommen, da letztlich alles von ihm abhängt.

Vorläufig müssen wir aber leider konstatieren, daß der Mensch den Lockungen der materiellen Revolutionen erlegen ist. In seinen Träumen und Plänen orientiert er sich an der Macht, die ihm durch sie erwachsen ist, und nicht mehr an der Natur oder den Lehren der Propheten. Ausgehend von seiner Maschinenwelt visiert er neue, künstliche Himmel an. Seine neue Religion sind die maschinellen Revolutionen, und er treibt sie zum Äußersten.

Von seiner eigenen Macht begeistert und nimmersatt in seinen Ansprüchen läßt er nichts anderes gelten. Alles hat ihm zu gehören. Nachdem er sich bereits den ganzen Planeten angeeignet hat, ist er drauf und dran, das Weltall zu erobern. Er setzt sich durch, beutet andere aus, manipuliert, dezimiert, vernichtet sie und ist sich dabei nicht im klaren, daß er dadurch das Wesen der Dinge um ihn verändert. Er vergiftet die Luft und das Wasser, obwohl sie sein Lebenselixier sind. Er baut eine Riesenstadt, in der er dann zum Gefangenen wird. Und er baut die Bombe, die mit allem Schluß machen kann. Seine Taten sind so großartig wie das letzte Aufbäumen vor dem Ende. Sie sind die Etappen eines Weltlaufs ohnegleichen. Es fragt sich bloß: Ist es ein Triumphzug oder ein verrücktes, zielloses Treiben? Und wie lange geht es noch so weiter?

Dabei stellt sich uns eine Reihe weiterer beunruhigender Fragen, denn es ist offenkundig, daß die materiellen Revolutionen den Menschen aus dem Gleichgewicht gebracht haben. Es fehlt ihm die nötige Reife, der Ernst, die Weisheit und der gesunde Menschenverstand, um seine neue Macht richtig und zum Wohle aller einzusetzen. Für eine Gattung wie die unsere, deren biologische Kraft vor allem in ihrer Gehirntätigkeit liegt und deren Existenz von ihren kulturellen Fähigkeiten abhängt, kann ein solches Ungleichgewicht fatal sein. Die tödliche Gefahr besteht darin, kraft eigener Machtvollkommenheit zum Untergang verdammt zu sein.

Wenn uns die Taten des an die Macht gelangten Menschen über sein Innenleben Aufschluß geben, dann kann man sich fragen, ob der Keim zügellosen Ehrgeizes, die Ahnung einer tragischen Weltherrschaft nicht schon in den vergangenen Urzeiten liegt. Man kann sich auch fragen, ob der Mensch sich die Allmacht Gottes nicht zur Rechtfertigung seiner eigenen immensen Ansprüche ausgedacht hat, um sich damit als einzigem Lebewesen das Recht zu verschaffen, mit Gott zu kommunizieren, was bis zu der Vorstellung reicht, der Allmächtige habe sich entschieden, ihn, den Menschen, nach seinem Ebenbild zu formen. Dieser Anthropomorphismus des Schöpfers – im übrigen kein Gedanke, der nur im christlichen Glauben auftritt –, ist er nicht in Wirklichkeit die Vergötterung des Menschen?

Diese Fragen ziehen noch weitere nach sich, denn wenn man noch vor der Betrachtung der Zukunft über Vergangenheit und Gegenwart nachdenkt und dabei das Wesen unseres Menschseins und den Sinn unserer Gattungsgeschichte zu erfassen sucht, dann gibt es eine ganze Reihe von Anlässen zur Verwunderung. Denn selbst wenn man annimmt, daß die stürmische Entwicklung der Vergangenheit dem Zufall oder der Notwendigkeit zuzuschreiben ist, dann scheint sie dennoch an gewissen Regeln oder Grundkonstanten orientiert zu sein. In ihrem jetzigen Aufschwung scheint die Gattung Mensch jedoch keinerlei Regeln mehr zu gehorchen. Wie wir später noch sehen werden, geht sie im Moment in eine Richtung, die den Zielen der Evolution widerstrebt.

Wir haben uns bereits gefragt, ob der *homo sapiens,* gemessen am erhabenen Gang der Evolution, nicht im Grunde genommen ein anomales Phänomen ist, ob er nicht eine Laune der Natur ist, ein ehrgeiziger, aber verfehlter Versuch, ein einziger Konstruktionsfehler, den die Mechanismen des Ausgleichs, die für die Erneuerung des Lebens sorgen, beizeiten beseitigen werden. Aber dies ist eine Debatte, die wir erst noch führen müssen.

Das Krebsgeschwür Überbevölkerung

Wegen eines weiteren abnormalen Verhaltens ist unsere Gattung vor dem Tribunal des Lebens angeklagt. Es ist seine überaus starke Vermehrung, die man mit einem Krebsgeschwür vergleichen muß. Außer den Insekten gibt es kaum eine Art, die sich so stark und ziellos vermehrt. Außerdem hat der Mensch sich als ein gieriges und unersättliches Tier erwiesen, das weit über seine physiologischen Notwendigkeiten hinaus konsumiert und keinen echten Sinn für seine Umwelt besitzt. Aufgrund dieser Mängel ist er so weit gegangen, daß er in kürzester Zeit riesige Flächen von Ökosystemen zerstört und damit die Grundlagen seiner eigenen Existenz untergraben hat.

Eine neue Interpretation vom Untergang der Mayakultur, die bis zu ihrem plötzlichen Verschwinden im Jahre 800 rund 1700 Jahre lang in den jetzigen Regenwäldern Mittelamerikas floriert hatte, besagt, daß die Maya wegen des stetigen Bevölkerungswachstums weite Flächen um ihre Dörfer herum gerodet haben. Binnen einiger Jahrzehnte sei dann der vegetationslose Boden von großen tropischen Regenfällen weggespült und die Bevölkerung so des Mittels ihrer Landwirtschaft beraubt worden.

Dies ist aber nicht das einzige Beispiel eines ökologischen Todes, der durch das Abholzen von Wäldern oder schlechte Bewässerung zustandegekommen ist. Die Sahara ist ein einziger Zivilisationsfriedhof. Ihre jeweiligen Bewohner haben entscheidend zu ihrem Untergang beigetragen. Die Nomaden waren nicht gerade unschuldig an der Versteppung weiter Teile Asiens. Und wenn das schwer zu verstehen ist, da andernorts die Wüste eher eine Folge des Klimas als ein Produkt des Menschen ist, dann kann man aber leicht sagen, daß ein ungeordnetes Bevölkerungswachstum einen irreversiblen Rückzug der Natur bewirkt.

Doch hat das Bevölkerungswachstum erst in der jüngsten Vergangenheit *pathologische Formen* angenommen. Zu Beginn der christlichen Zeitrechnung gab es auf der ganzen Welt verstreut schätzungsweise bloß 200 oder 300 Millionen Menschen. Schon damals nahm die Zahl der Menschen zu, wenn auch noch sehr langsam, und sie nahm sogar ab, als im 16. Jahrhundert in Europa die Beulenpest wütete.

Man kennt die Daten nicht genau, doch scheint es so, als habe die Weltbevölkerung zur Zeit der Entdekkung Amerikas weniger als 500 Millionen und in der Mitte des 18. Jahrhunderts etwa 700 Millionen betragen. Nach der Französischen Revolution näherte sie sich den 900 Millionen. Die Zuwachsrate stieg nun an. Die erste Milliarde wurde wahrscheinlich um das Jahr 1830 gezählt. Dann dauerte es ziemlich genau 100 Jahre, bis 1925 die zweite Milliarde erreicht war, dann aber nur mehr 37 Jahre, bis eine weitere Milliarde hinzukam, und dann nur noch 13 Jahre, bis im Jahre 1975 die 4-Milliarden-Grenze überschritten wurde. Im Jahre 1980 betrug die Weltbevölkerung bereits 4,5 Milliarden Menschen.

Zwar nimmt die Gebärfreudigkeit fast überall ab, doch wenn wir davon ausgehen, daß sich die verminderten Zuwachsraten auf ständig wachsende Grundzahlen beziehen, dann vermehrt sich die Weltbevölkerung immer noch in steigendem Maße. Jede Minute hat ihre Bedeutung, wie dies die Tafel auf S. 48 zeigt. Mittelfristige Hochrechnungen besagen, daß die Erde im Jahre 2000 6,3 Milliarden Bewohner haben wird und daß die Bevölkerung sich noch einen Gutteil des 21. Jahrhunderts über vermehren wird. Das Tafelbild auf S. 50/51 ist zwar ein wenig verwirrend, doch vermittelt es einen Eindruck von der Vermehrung der Erdbevölkerung bis zum Ende des 20. Jahrhunderts und parallel dazu von der Verbesserung der Transport- und Kommunikationsmittel, durch die der Globus virtuell kleiner wird. Wenn man es betrachtet, muß man auf die Maßstäbe achtgeben, die der Graphiker für die verschiedenen Phänomene verwendet. Dennoch versteht man auf den ersten Blick, daß die Menschheit sich auf eine Katastrophe zubewegt, die den „Implosionen" in der Physik gleicht.

Um die Dramatik der Bevölkerungsentwicklung besser zu erfassen, sehen wir uns nun an, *was sich im Laufe unseres Jahrhunderts abspielt.* Wir wissen, daß ein Jahrhundert aus der Perspektive der Menschheitsgeschichte betrachtet, ein sehr kurzer Zeitraum ist – ein Zehntausendstel der Million Jahre, seit es den Menschen gibt. Auf einen 75jährigen Menschen bezogen wären es etwas weniger als drei Tage seines Lebens. Nun haben sich aber in einem so kurzen Zeitraum spektakuläre Veränderungen der Weltbevölkerung vollzogen, und noch erstaunlichere Entwicklungen kündigen sich an.

Im Jahre 1900 betrug die Weltbevölkerung ungefähr 1,6 Milliarden. Es war dies ein neuer Rekord nach dem langsamen Wachstum der 9999 vorhergegangenen Jahrhunderte. Im weiteren Verlauf sank die Kindersterblichkeit dank der Erfolge in der Medizin, der Hygiene und der Ernährung noch weiter, und die Lebensdauer nahm zu, ohne daß irgendwelche moralische, gesellschaftliche oder wirtschaftliche Schranken zu einer Verringerung der Geburten geführt hätten.

Die Bevölkerungsexplosion
pro Minute

In den nächsten 60 Sekunden werden auf der Welt

- 223 Kinder geboren, davon sterben
- 26 vor Vollendung des 1. und
- 34 vor Vollendung des 15. Lebensjahres.

= 50 bis 75 Prozent der Todesfälle dürften sowohl auf schlechte Ernährung als auch auf Infektionskrankheiten zurückzuführen sein.

= Von den Kindern, die über 15 Jahre alt werden, sind etliche in ihrem Wachstum gehemmt und leiden lebenslang unter Gehirnschäden.

Aus: *Overcoming World Hunger: The Challenge Ahead,* Bericht der Kommission des US-Präsidenten über den Hunger in der Welt, Washington, D.C., März 1980.

Man war sich der Probleme, die da entstanden, nicht bewußt, und wo es eine Bevölkerungspolitik gab, da wirkte sie geburtenfördernd. Die unvermeidliche Konsequenz war, daß die Bevölkerungsentwicklung vollkommen außer Kontrolle geriet und sich zu bislang ungeahnten Wachstumsraten emporschwang.

Mit größter Besorgnis hat man dann ziemlich plötzlich festgestellt, daß sich die Bevölkerung Anfang der 80er Jahre verdreifacht hatte. Am beunruhigendsten sind jedoch die Vorhersagen für die nächsten 20 Jahre. Die Bevölkerungsstatistiker verkünden, daß noch *eine „zusätzliche" Bevölkerung von beinahe zwei Milliarden*

– also mehr Leute als während aller vorhergehenden Zeitalter gelebt haben – zur heutigen Überbevölkerung hinzukommen wird.

Man kann also schlicht nicht leugnen, daß der Wissenschaftler und Humanist Paul Ehrlich recht hat: *eine menschliche Atombombe bedroht unseren Planeten*. Die Tafelbilder auf Seite 53 und 54 sind die graphische Darstellung von zwei Aspekten dieser gefährlichen Entwicklung. Das eine zeigt den Atompilz der Bombe. Das andere bezieht sich auf die Bevölkerungsstruktur und stellt dar, wie groß aller Voraussicht nach im Jahre 2000 die Divergenz zwischen den Industrienationen mit ihrer stagnierenden, überalterten Bevölkerung und der Dritten Welt mit ihrer jungen, fruchtbaren Bevölkerung sein wird. Nach der Jahrhundertwende soll sich diese Kluft dann im übrigen noch vergrößern, da die Mehrzahl der gebärfähigen Frauen in den weniger entwickelten Ländern munter weiter Kinder in die Welt setzen wird.

Es fällt mir schwer, diese Vorhersagen zu glauben, denn die Berechnungen der Bevölkerungsstatistiker, wonach die Weltbevölkerung sich etwa in der Mitte des nächsten Jahrhunderts auf 10 bis 12 Milliarden einpendeln wird, sind reine Spekulation. Und die Rechnungen der Ökonomen, die zeigen, daß unsere gute alte Erde diese Zahl lässig ernähren – also bloß ernähren! – kann, ignorieren ganz einfach die Realitäten des Lebens. Die Menschheit befindet sich in einer Phase explosionsartigen Wachstums, das nach Ansicht der Biologen nur unter Bedingungen zustandekommt, wo es für „die Organismen" einen Überfluß an Nahrungsmitteln und nur wenig Krankheiten und Raubtiere gibt, darauf folge unweigerlich eine Phase schneller Schrumpfung, wodurch „die Organismen" zahlen-

Alles wird schneller und

Jahr	500 000 v. Chr.	20 000 v. Chr.	500 v. Chr.	300 v. Chr.
Zeit für eine Reise um die Welt	Mehrere hunderttausend Jahre	Mehrere tausend Jahre	Mehrere hundert Jahre	Mehrere Jahrzehnte
Transportmittel	Der Mensch zu Fuß (zu Lande und auf d. gefrorenen Meer)	Zu Fuß oder im Kanu	Kanu mit Segel oder Pagaie oder Staffellauf	Große Segelschiffe mit Rudern. Schlitten. Pferdewagen
Strecke pro Tag (zu Lande)	25 km	30 km	30 km	40 km
Strecke pro Tag (zu Wasser oder in der Luft)	--	30 km	65 km	200 km (zu Wasser)
Reichweite	Mehrere km	Ein begrenztes Gebiet (ein kleines Tal neben einem kleinen See)	Mehrere nebeneinanderliegende begrenzte Gebiete	Ein etwas weiteres Gebiet mit Kolonien an fremden Küsten

Kommunikationsmittel

Bis 1441 Sprache, Trommeln Rauchzeichen, Boten, Schrift	① 1441 Druckerpresse von Gutenberg	② 1863 Rotationsdruck	③ 1876 Telephon (Bell)

Die Größe der Welt proportional zur

15 A.D. – 1840 A.D.

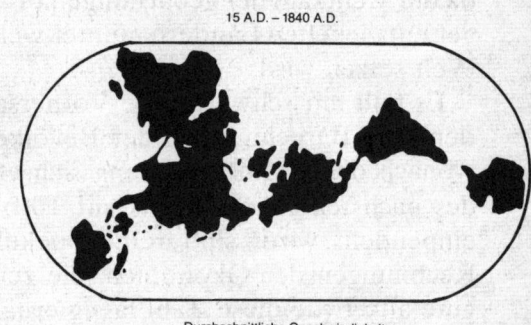

Durchschnittliche Geschwindigkeit der Postkutschen und Segelschiffe, ungefähr 15 km/h

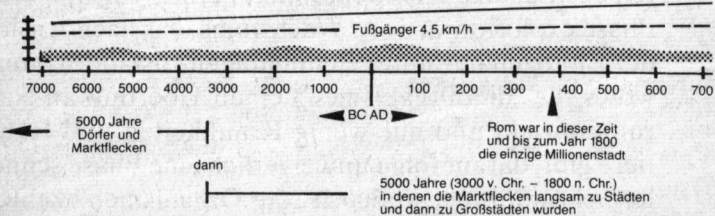

Fußgänger 4,5 km/h

7000 6000 5000 4000 3000 2000 1000   100 200 300 400 500 600 700

◀ BC AD ▶

5000 Jahre Dörfer und Marktflecken

dann

Rom war in dieser Zeit und bis zum Jahr 1800 die einzige Millionenstadt

5000 Jahre (3000 v. Chr. – 1800 n. Chr.) in denen die Marktflecken langsam zu Städten und dann zu Großstädten wurden

50

Quelle: Center for Integrative Studies, *World Facts and Trends*, 1977,

größer und die Welt immer kleiner

1500	1900	1925	1950	1980
Mehrere Jahre	Mehrere Monate	Mehrere Wochen	Mehrere Tage	Mehrere Stunden
Große Segelschiffe (mit Kompaß), Postkutschen	Dampfschiff (Suez- und Panama-Kanal), Eisenbahn	Große Dampf- schiffe, transkonti- nentale Eisenbah- nen, Automobile, Flugzeuge	Große Dampf- schiffe, Eisenbahnen, Automobile, Düsenflugzeuge	Atomgetriebene Schiffe Überschallflugzeuge
40 km	500 – 1500 km	650 – 1500 km	800 – 2500 km	1600 – 3200 km
300 km (zu Wasser)	400 km (zu Wasser)	5000 – 9500 km (in der Luft)	9500 – 15000 km (in der Luft, Jet)	400 000 km (in der Luft) (Überschallflugzeug)
Teile eines Kontinents mit überseeischen Kolonien	Weite Teile eines Konti- nents mit übersee- ischen Kolonien	Den ganzen Kontinent	Ganze Erdteile	Die ganze Welt

④ 1895 Telegraph (Marconi)	⑤ Erste 1920 kommerzielle Radiosendung	⑥ 1950 Nationales Fernsehen	⑦ Trans- 1965 kontinentales Fernsehen via Satellit	⑧ Simultane 1980 Fernsehkonferenzen

wachsenden Reisegeschwindigkeit

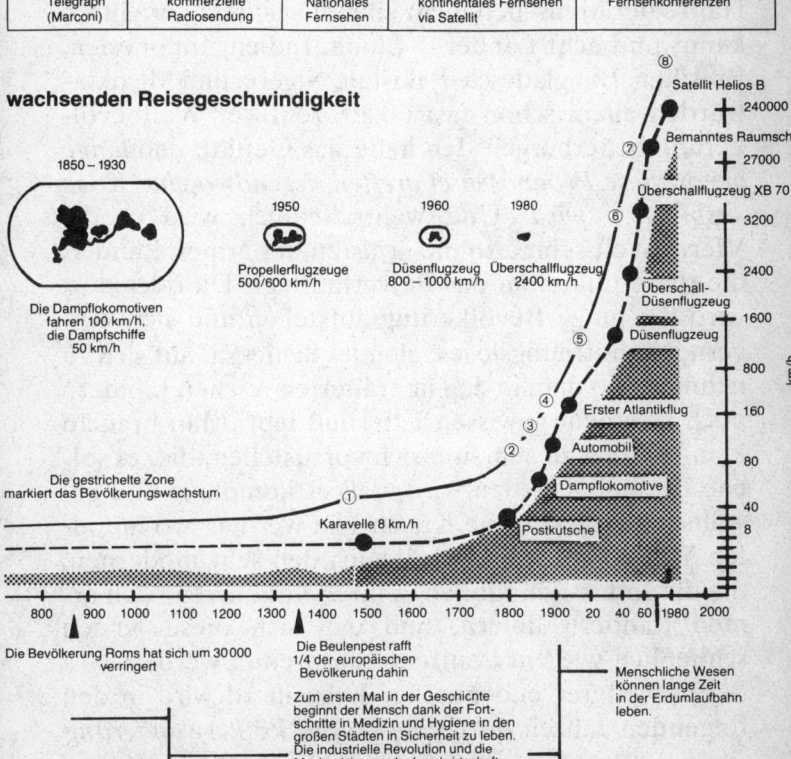

2. Auflage auf dem neuesten Stand 1980, State University of New York in Buffalo.

51

mäßig wieder auf die Dimensionen reduziert werden, die ihre Umwelt normalerweise ernähren kann. Selbstverständlich sind menschliche Wesen nicht irgendwelche „Organismen". Dennoch bewirkt die Bevölkerungsexplosion schon heute ein ernsthaftes Ungleichgewicht im globalen System, und sie wird morgen noch schlimmere Gleichgewichtsstörungen verursachen, und das wahrscheinlich vor und nicht nach dem Jahr 2000.

Nach den zitierten Hochrechnungen müßte die Dritte Welt am Ende dieses Jahrhunderts die 5-Milliarden-Grenze erreichen, wo sie schon heute die Hälfte der Menschen nicht einmal anständig ernähren kann; und acht Länder – China, Indien, Indonesien, Brasilien, Bangladesch, Pakistan, Nigeria und Mexiko – würden allein schon fast 60 Prozent der Weltbevölkerung beherbergen. Ich habe das Gefühl, daß *lange bevor diese Prognosen eintreffen, irgendwo eine Krise ausbrechen wird.* Und wahrscheinlich wird es die Vierte Welt sein, also die ärmsten der armen Länder, die den Funken an das Pulverfaß legt. Da oder dort wird die junge Bevölkerung aufstehen und sich weigern, ein hoffnungsloses, elendes Schicksal auf sich zu nehmen, wo man in den überalterten reichen Ländern noch in einem gewissen Überfluß lebt. Man braucht kein Prophet zu sein, um sich vorzustellen, daß es solche Ereignisse geben wird, daß es komplexe und gewaltsam ausgetragene Krisen sein werden, wo mit allen Waffen gekämpft wird, auch den sehr modernen, die die Industrienationen in ihrer Konkurrenz den armen Ländern liefern, und daß sich diese Krisen schließlich wie ein Lauffeuer ausbreiten werden.

Ein weiterer endemischer Krisenherd wird in den folgenden Jahren durch *die größte Völkerwanderung*

Der Atompilz der Bevölkerungsexplosion

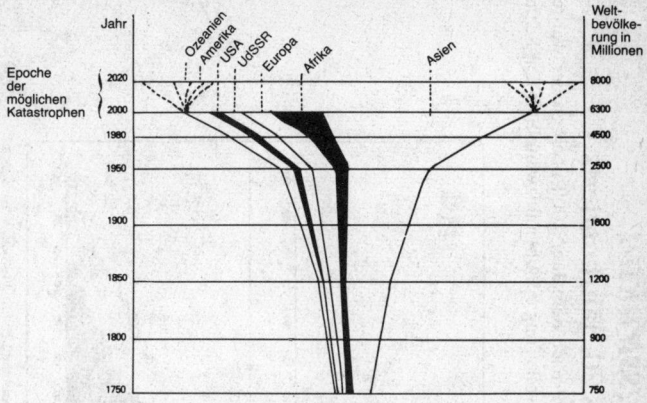

Epoche der möglichen Katastrophen

Jahr: 2020, 2000, 1980, 1950, 1900, 1850, 1800, 1750

Ozeanien, Amerika, USA, UdSSR, Europa, Afrika, Asien

Weltbevölkerung in Millionen: 8000, 6300, 4500, 2500, 1600, 1200, 900, 750

Bis zum Jahr 2000 *(demographische Hochrechnungen)* und danach *(mögliche Alternativen)*

Man kann nur Spekulationen darüber anstellen, wie die Weltbevölkerung aussehen wird, nachdem sie einen gewissen Stand erreicht hat, wobei die für die Jahrhundertwende vorhergesagten 6 Milliarden bereits ein sehr hoher Stand sind. Wenn die Menschen nicht zu spartanischen Weisen oder Ameisenmenschen werden, dann geraten wir jenseits dieses Standes in die Zone möglicher Katastrophen. Die gepunkteten Linien zeigen alternative Formen der Katastrophe an. Wenn die Bevölkerung kontinuierlich weiterwächst, dann findet die Katastrophe zwar später statt, aber sie wird von größerem Ausmaß sein. Wenn die Bevölkerung plötzlich abnimmt, dann bedeutet das, daß die Katastrophe schon eingetreten ist. Die künftigen Generationen haben auf jeden Fall nichts zu Lachen. Wenn die jetzt lebenden Generationen nicht in der Lage sind, ihre Geburten vor dem Erreichen der – willkürlich festgesetzten – 6-Milliarden-Grenze zu beschränken, dann liefern sie ihre Nachkommen einer sicheren Katastrophe aus.

Aus: *Facts and Trends,* The Center for Integrative Studies, University of Houston, Texas, U.S.A., 1979. Copyright Magda McHale, 1979.

Die Bevölkerungsstruktur
Vorschau auf das Ende des 20. Jahrhunderts

Die Kluft, welche die Welt in zwei große Hälften scheidet, soll nach dem Jahr 2000 noch größer werden. Die Unterschiede in der Zahl und im altersmäßigen Aufbau der Bevölkerung erlauben unzweifelhaft den Schluß, daß die Spannungen in der Welt zunehmen werden.

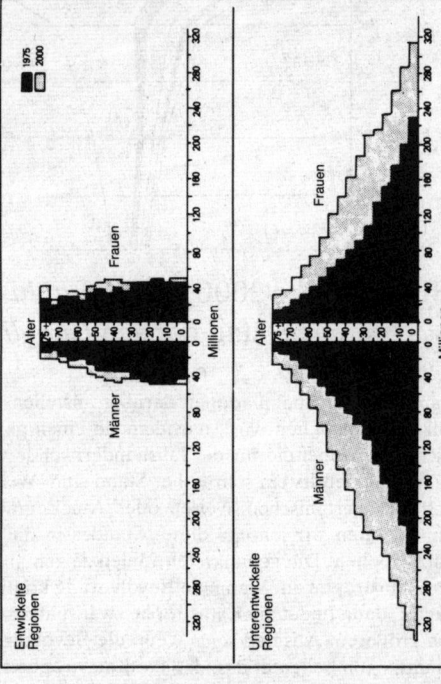

The Global 2000 Report to the President, Leiter: Gerald O. Barney, Verlag: U.S. Government Printing Office, Washington, D.C., 1980.

der Geschichte geschürt. Es wird zweifelsohne ein Exodus der Unglückseligen sein, und er wird sich vor allem auf der südlichen Erdhalbkugel abspielen. Die Bewegung hat schon begonnen. In ihrer großen Mehrheit bestand die Weltbevölkerung je schon aus Bauern. Heutzutage verlassen aber immer mehr Menschen in großen Schüben die armen, bäuerlichen Landstriche, um ein weniger elendes Leben zu führen in den attraktiveren Städten, die dadurch aber nur ärmer und unbewohnbarer werden. Ausgehend von dieser Tatsache gibt es Schätzungen, die besagen, daß sich die Weltbevölkerung in etwa zwanzig Jahren ziemlich gleichmäßig auf Stadt und Land verteilen wird.

In manchen Fällen wird die Verstädterung ein unvorstellbares Ausmaß annehmen bis hin zu den Riesenstädten, die voraussichtlich so viele Einwohner haben werden wie die Hälfte der heutigen französischen Bevölkerung. Von den 25 Riesenstädten mit mehr als 10 Millionen Einwohnern werden 20 in der Dritten Welt liegen, wie man auf dem Tafelbild von Seite 57 sehen kann.

Doch auch in diesem Punkt zweifle ich, ob die Vorhersagen eintreffen werden. Ich kann mir nicht vorstellen, wie so große Menschenansammlungen existieren können, ohne zu explodieren oder zusammenzubrechen. Doch wenn es sie tatsächlich geben sollte, dann werden, so scheint es mir jedenfalls, ihre Probleme unlösbar sein, und das gilt für die Versorgung mit Nahrungsmitteln und anderen lebensnotwendigen Gütern, die Abfallbeseitigung, die Sauberhaltung, die Polizei etc. und auch für die soziopolitischen und zwischenmenschlichen Probleme. Diese Städte werden ein einziger Alptraum sein.

Aufgrund all dieser Gegebenheiten und Beobachtungen bekommen wir einen Einblick in die Zukunft, die uns erwartet, wenn die Menschheit ihren aktuellen Kurs fortsetzt, wobei wir noch nicht berücksichtigt haben, daß die Bevölkerungsexplosion, außer im Falle eines Wunders oder einer Katastrophe, mit dem Jahr 2000 keineswegs zu Ende geht. Ihre krankhaften Ursachen und Wirkungen werden sich im Gegenteil noch verschlimmern.

Doch kann die Analyse des Krebsgeschwürs Überbevölkerung nicht einfach mit solch traurigen Betrachtungen enden. Denn der Ernst der Lage liegt nicht nur darin begründet, daß die Bewohner der Erde sich wie die Kaninchen vermehren und sich im Laufe dieses Jahrhunderts vervierfacht haben. Sie rührt auch daher, daß diese Bevölkerungsexplosion einhergeht mit der *Explosion des Konsums und der individuellen Ansprüche.* „Die Revolution in den Erwartungen" hat sich zu einer unerhörten Expansion der Nachfrage nach Produkten, Dienstleistungen und Wohlstand entwickelt, und zwar in den entwickelten sowie den unter- und überentwickelten Ländern. Alle verfügbaren Mittel wurden eingesetzt, um diese lawinenartige Nachfrage zu befriedigen; und obwohl es nicht in allen Fällen geglückt ist, hat dies doch zu einer schrankenlosen Ausbeutung der natürlichen Ressourcen geführt – vom Eisenerz über das Erdöl zum Holz, vom Wasser über das Fleisch bis hin zu pflanzlichen und Fischereiprodukten.

Infolge der dynamischen Entwicklung und des Konsumwahns ist der Druck sprunghaft angestiegen, den die Menschheit auf ihre eigenen und die natürlichen Systeme ausübt. Vor einiger Zeit habe ich geschätzt, daß sich die Nachfrage nach Metallen und anderen industriellen Rohstoffen vom Jahr 1900 bis zum Jahr

Die Riesenstädte des Jahres 2000
25 Städte mit mehr als 10 Millionen Einwohnern

Wie können so viele Menschen friedlich zusammenleben, wo sie auf begrenztem Raum zusammengepfercht und die Städte auf ihre Unterbringung nicht vorbereitet sind?

Mexiko	31,0	Kairo–Gizeh–	
Sao Paulo	25,8	Imbaba	13,1
Tokio–		Madras	12,9
Jokohama	24,2	Manila	12,3
New York		Buenos Aires	12,1
(einschließlich		Bangkok–	
des Nordostens		Thonburi	11,9
von New Jersey)	22,8	Karachi	11,8
Schanghai	22,7	Delhi	11,7
Peking	19,9	Bogota	11,7
Rio de Janeiro	19,0	Paris	11,3
Bombay	17,1	Teheran	11,3
Kalkutta	16,7	Istanbul	11,2
Jakarta	16,6	Bagdad	11,1
Seoul	14,2	Osaka–Kobe	11,1
Los Angeles–			
Long Beach	14,2		

Weltbevölkerungsfonds der Vereinten Nationen, Dokumente zur Vorbereitung der Internationalen Konferenz über die Bevölkerung und die Zukunft unserer Städte, Rom, 1.–4. September 1980.

Der Bevölkerungsdruck im Laufe des 20. Jahrhunderts

Schätzwerte auf Basis der voraussichtlichen Vermehrung der Weltbevölkerung und des industriellen Verbrauchs an Metallen und Rohstoffen pro Einwohner.

Illustration der Zeitschrift *Successo*, Mailand, Juni 1970, zum Artikel von Aurelio Peccei »The Predicament of Mankind« (Die gefährliche Lage der Menschheit).

2000 versiebzigfacht haben wird. Welch enormen Zuwachs das bedeutet, kann man dem Schaubild auf Seite 58 entnehmen, das meine Hypothese veranschaulicht. Wenn man wegen der Schranken des wirtschaftlichen Wachstums, auf die man laufend stößt, vorsichtiger sein will, dann kann man annehmen, daß sich diese Nachfrage bloß vervierzigfacht statt versiebzigfacht. Ein schockierendes Ergebnis wird es dennoch sein, denn am Ende des Jahrhunderts wäre *die Nachfrage so groß wie die von mehr als 60 Milliarden Menschen aus dem Jahr 1900!* Kann die Erde dieses Wachstum ertragen? Und was kostet dieser Fortschritt an Lebensqualität und Überlebenschancen für die Menschen des Jahres 2000? Und was bedeutet er für das Erbe, das wir den nachfolgenden Generationen hinterlassen? Ich kann nur hoffen, daß einige meiner Leser diese Rechnungen noch einmal durchdenken und Antworten auf diese Fragen suchen werden.

Eine noch bestürzendere Rechnung haben einige wißbegierige Menschen angestellt. Danach lebten seit dem Erscheinen des *homo sapiens* schätzungsweise 70 Milliarden Menschen auf der Erde. Da diese Schätzung in etwa der Realität entspricht, kann man daraus ableiten, daß die jetzige Erdbevölkerung von 4,5 Milliarden mehr als sechs Prozent der Menschheit aller Zeiten ausmacht. Und wenn man annimmt, daß der moderne Mensch im Durchschnitt doppelt so lang lebt wie seine Vorfahren und daß er jedes Jahr ein Zehnfaches der natürlichen Ressourcen konsumiert – und für beide Annahmen spricht einiges –, dann gelangt man zu einem erstaunlichen Schluß: Allein die jetzigen Erdbewohner werden in ihrem Leben *mehr natürliche Ressourcen konsumieren als all ihre Vorläufer in der Million Jahren vorher verbraucht haben.* Andere

Rechnungen besagen, daß unsere Nachfrage nach Energie in den letzten 25 Jahren dieses Jahrhunderts dem gesamten Energieverbrauch in der Geschichte der Menschheit entsprechen wird. Solch gefräßige Wesen hat die Welt in der Tat noch nie gesehen. Wir haben also allen Grund, uns zu fragen, ob wir uns nicht, ohne es zu merken, zu einer Generation von Ungeheuern entwickelt haben.

Heilsame Selbstzweifel

An diesem Punkt ist es angebracht, wieder vom Menschen zu reden. Da wir uns an dem Wendepunkt in der Geschichte befinden, den die 80er Jahre darstellen, müssen wir zwangsläufig über uns selbst, unsere Lage, unser Schicksal nachdenken und darüber, was wir tun sollen. Haben wir uns wegen unserer technischen Fähigkeiten auf einen allzu hohen Sockel gestellt? Oder sind wir lauter Genies, dazu ausersehen, letzten Endes über alles zu siegen? Oder haben wir uns nicht ganz im Gegenteil zu Ungeheuern entwickelt? Zu genialen Ungeheuern, die ihren widernatürlichen Werken zum Opfer fallen werden?

In Anbetracht des ungeheuren Chaos, das wir geschaffen haben, gibt es kaum einen Anhaltspunkt für die These mit dem Genie. Die gegenteilige These, derzufolge wir Lebewesen sind, die biopsychisch nicht ganz richtig ticken, kann hingegen nicht durch den Augenschein widerlegt werden. Sie hat viele Anhänger, und die sind der Ansicht, daß *seine eigene Natur sich wider den Menschen kehren wird*. Sie behaupten, sein aggressiver, intoleranter und grausamer Charakter habe ihm bei der Unterwerfung der anderen Arten im Überlebenskampf gute Dienste geleistet und ihn so weit gebracht, daß er nun seine schwächeren Mitmenschen unterdrückt oder sie ohne biologische Gründe in Stammes- oder religiösen Konflikten ausrottet. In Zukunft werde er ihn dazu treiben, seine neu erworbene Macht so zu gebrauchen, daß er alles Leben um sich vernichtet – womöglich sogar sich selbst.

Dieser aggressive Charakter sei in seinem genetischen Code programmiert und könne sich daher nicht kurzfristig ändern. Er verdamme ihn dazu, seine blutige Herrscherrolle in der Geschichte zu spielen, ohne selbst vor den letzten Konsequenzen zurückzuschrekken. Mit anderen Worten, der Mensch könne sich seinem einzigartigen Schicksal nicht entziehen, obwohl die Götter oder der Zufall es als blindes Fatum eingerichtet haben.

Obwohl ich dieser These eine gewisse Gültigkeit nicht absprechen kann, neige ich doch zu weniger pessimistischen Antworten auf die Grundfrage nach der Natur und dem Schicksal des Menschen. Die conditio humana ist ernst, sie kann sich aber unter bestimmten Bedingungen bessern.

Die erste Bedingung lautet, daß wir unser Verhältnis zur Biosphäre auf eine neue Grundlage stellen müssen. Obwohl wir anders sind als die anderen Lebewesen, können wir weder unsere Gemeinschaft mit ihnen aufkündigen noch können wir so tun, als wüßten wir, wie die ungeheure Vielzahl von Beziehungen zu verbessern ist, die diese Gemeinschaft ausmachen. Daß wir davon nichts wissen wollten, war einer unserer folgenreichen Fehler. Er hat uns dazu geführt, daß wir uns in unsere künstliche Umwelt eingeschlossen und darin nur einige ausgewählte Tier- und Pflanzenarten zugelassen haben, nachdem wir sie gebührend domestiziert hatten. Doch wir wissen nicht, welche Konsequenzen diese selbstgewählte Isolation haben kann. Mit derselben Arroganz werden wir bald in unseren Laboratorien heikles genetisches Material manipulieren in der trügerischen und vielleicht sogar gefährlichen Hoffnung, wir könnten die uns interessierende belebte Welt verbessern. Wie ich aber bereits festgestellt habe, sind die existenten Lebensformen auf tausend Weisen in Tausenden von Jahrhunderten entstanden, so daß jede Veränderung im Ökosystem des Lebens gegen uns ausschlagen kann.

Wir müssen auch erkennen, daß unsere Beziehungen zu unseren Mitmenschen in Zukunft strengeren Regeln und Zwängen als bisher unterliegen werden. Früher konnte der tierische Konkurrenzkampf umstandslos auf die menschlichen Gesellschaften übertragen werden, um Hierarchien der Macht zu etablieren, denn es handelte sich um primitive oder nur geringfügig entwickelte Gesellschaften mit einer Bevölkerung, die weit verstreut lebte und nur mit dürftigen und langsamen Kommunikationsmitteln ausgestattet war. Die Lage der modernen Gesellschaften ist aber eine ganz andere. Die Menschen leben in unmittelbarem Kontakt und interagieren miteinander, sei es physisch oder mittels der Kommunikationsmittel. Jede Gruppe, wenn nicht gar jedes Individuum, besitzt immer mehr Macht; beide können sie weite Teile ihrer Umgebung beeinflussen. Aus politischen und moralischen Gründen ist es daher erforderlich, daß neue Regeln der Koexistenz, der Solidarität und Mitbestimmung an die Stelle des Konkurrenzkampfes treten.

Diese einfachen Überlegungen enthalten deutliche

Hinweise auf das Ausmaß, in dem wir unsere Denk- und Verhaltensweisen ändern müssen. Sie zeigen uns an, daß wir fast von Grund auf neu lernen müssen, wie man in Einklang lebt mit den sich wandelnden Realitäten dieser Epoche. *Eine schwierige Lehrzeit erwartet uns* also, und sie wird nicht gerade leichter durch die Tatsache, daß die Zeit unerbittlich gegen uns arbeitet. Doch ist diese nicht gerade optimistische Feststellung immer noch meilenweit entfernt von der Ansicht, der Mensch sei genetisch so programmiert, daß er sich nicht ändern könne und verdamme sich deswegen selbst zum Untergang. Der Mensch kann sich vielmehr am eigenen Schopf aus dem Sumpf ziehen, und wir haben die Aufgabe, herauszufinden, wie das gehen soll.

Die anderen Arten kennen solche Probleme nicht. Ein Tiger oder ein Hai wissen genau, wie sie Tiger oder Hai sein sollen. Eine Spinne lebt, wie eine Spinne eben lebt. Eine Schwalbe wird geboren, um als Schwalbe zu leben. Dank der natürlichen Selektion und Anpassung von einer Generation zur anderen, dank ihres genetischen Codes und ihres Instinkts verbessern diese Lebewesen andauernd ihre Fähigkeit zum Überleben, indem sie sich ihrer veränderten Umwelt anpassen. Wenn sie noch leben, so beweist das, daß ihre Spezies, das Produkt einer sehr langen Evolution, erfolgreich war. Wenn sie heute besonders gefährdet sind, dann nicht deswegen, weil sie sich nicht entwickelt haben, sondern weil ihr erbittertster Feind – der Mensch – gerade dabei ist, die Spielregeln zu verändern.

Der Mensch hat viel gemein mit den anderen Lebewesen, doch unterscheidet er sich in seinem Evolutionsprozeß grundlegend von ihnen, denn seine Evolution ist immer *eine wesentlich kulturelle* gewesen, und das soll sie auch weiterhin bleiben. Schon am Beginn seiner Tage, als der Mensch sich wahrscheinlich seiner natürlichen Fähigkeiten zur biologischen Anpassung nicht sicher war, neigte er dazu, mehr seinen intellektuellen und technischen Möglichkeiten zu vertrauen. Im Angesicht der Unbilden der Natur oder im Kampf mit anderen Arten wäre er ohne sie auch leicht der Verlierer gewesen. Doch indem er den Wettbewerb auf sein Spezialgebiet verlagerte, wurde er unbesiegbar und konnte sich als Star auf Erden feiern. Seine Entwicklung verdankt sich also einem der genetischen Evolution entgegengesetzten Ziel, und die eigene biologische Veränderung war nie das Ziel seiner Entwicklung und kann es auch nicht sein. Sein Ziel besteht vielmehr darin, seine Umwelt zu verändern, und es zwingt ihn zu einer permanenten kulturellen Evolution.

Jedesmal, wenn er auf seinem Weg nach oben eine höhere Stufe erklomm, indem er sich bessere Produktionsmittel oder komplexere soziale und politische Strukturen gab, mußte er neu lernen, auf dem nun erreichten Niveau zu leben. Dies hat der moderne Mensch versäumt – daher seine Krise. Nachdem er in ein paar Jahrzehnten einen Riesensprung nach vorne getan hatte, der alle vom Mittelalter bis ins 20. Jahrhundert erzielten Fortschritte übertraf, hätte er sein Denken und seine Lebensweise auf die neuen Verhältnisse so umstellen müssen, daß sie im Einklang stehen mit dem hohen Stand seiner Lebensumstände, den er in so kurzer Zeit erreicht hatte. Stattdessen hat er aber nicht nur nicht begriffen, daß ein solcher kultureller Wandel unabdingbar geworden ist und infolgedessen keinerlei Anstrengungen in diese Richtung unternommen, sondern er wollte vom Gipfel des Fortschritts aus noch höhere Höhen erklimmen. Mit dem

Ergebnis, daß er der Entwicklung einer Realität, die ihm schon entglitten ist, kulturell immer mehr hinterherhinkt.

Dies ist *das Paradox des modernen Menschen: Er ist der Gefangene seiner eigenen herrlichen Errungenschaften.* Sein Erfolg kündet von neuen, noch brillanteren Erfolgen, doch sind all diese Erfolge auf Treibsand gebaut, und je mehr der Mensch fortschreitet, um so tiefer versinkt er im Sand. Die wichtigste Frage lautet daher: Kann der Mensch den Teufelskreis erkennen, in den er geraten ist, und die äußerste Anstrengung unternehmen, aus ihm auszubrechen, bevor es zu spät ist? Denn er muß einen großen qualitativen, d. h. kulturellen Sprung machen, um unter den von ihm selbst geschaffenen, neuen Bedingungen zu überleben.

Obwohl dieses Vorhaben all seiner intellektuellen Fähigkeiten bedarf, seiner Auffassungsgabe und seines Vorstellungsvermögens, der Anwendung all seiner technischen, moralischen und geistigen Möglichkeiten, kann man, glaube ich, nicht *a priori* sagen, daß es unmöglich zu verwirklichen ist. Ich denke im Gegenteil, *man muß dem Menschen vertrauen.* Wenn er den ersten Schritt tut – die tödliche Gefahr erkennt, in der er sich befindet, und deren Ursachen erforscht –, dann folgt der zweite und dritte Schritt von alleine.

Bevor wir uns aber genauer überlegen, was er tun muß, was wir tun müssen, sollten wir den Ernst der Lage zu verstehen suchen, in der sich die Menschheit befindet, und die Triebkräfte benennen, die sie in ihren weiteren Verfall treiben.

Die Symptome der Dekadenz

Von der Euphorie in die Depression

Die 60er Jahre waren eine Zeit der großen Illusionen.
Der Mensch hatte das Gefühl, endlich eine fast unerschöpfliche Energiequelle zu besitzen, die es ihm erlauben würde, sein Leben nach seinem Dafürhalten zu verändern. Nicht ohne Zutun gewisser interessierter Kreise sah man im Ölrausch das Leben durch die rosa Brille, denn das Öl stand in unbegrenzten Mengen zu annehmbaren Preisen zur Verfügung. Die Konsumgesellschaft erschien als ein leicht zu erreichendes Ziel, das den Wünschen aller entsprach. Die Wirtschaft befand sich in einer Phase der Expansion, sehr hohe Wachstumsraten schienen für Jahrzehnte gesichert. Man war überzeugt, daß diese Entwicklung, die sich einer Vielzahl von Ländern eröffnete, es den reichsten Ländern erlauben würde, ihre interne Nachfrage zu befriedigen und gleichzeitig einen substantiellen Beitrag zur Hebung des Lebensstandards in den ärmeren Ländern zu leisten. Das Streben nach materiellem Überfluß sollte also befriedigt werden, ohne daß an der Hilfeleistung für die Hilfsbedürftigen gespart werden müßte. Die Technologie erschien ihrerseits als Füllhorn, das in der Lage ist, ständig neue Lösungen für alle menschlichen Probleme hervorzuzaubern.

Die Futurologen sagten eine Zukunft voraus, in der nicht einmal die ständige Vermehrung der Bevölkerung besonders beunruhigen konnte. Die Parteigänger einer Geburtenkontrolle prangerte man als anti-liberale Elemente an, und kaum verlieh man seiner Sorge wegen der Bevölkerungsexplosion Ausdruck, war man als Unglücksprophet verschrien. Es war die Zeit, als Herman Kahn die superoptimistische Konzeption der „Gesellschaft 20 × 20" entwarf – von 20 Milliarden Erdbewohnern sollte jeder ein Jahreseinkommen von 20000 Dollar beziehen. Um dieses Ziel zu erreichen, hätte man das gesamte Produktionsvolumen verhundertfachen müssen. Dennoch konnten viele Menschen nicht der Versuchung widerstehen, an diesen Traum zu glauben. Einige Wissenschaftler, darunter im übrigen auch Ökonomen, reagierten positiv auf diese erstaunlichenVorhersagen.

Diese Ansichten gründeten auf der *beinahe ausschließlichen Betrachtung der positiven Faktoren*. Die heute lebenden Generationen besitzen in der Tat einen solchen Reichtum und eine solche Vielfalt an intellektuellem Potential und brauchbaren Ressourcen, daß sie theoretisch noch für viele Jahre das Wachstum des materiellen Wohlstands der Menschheit garantieren könnten. Es handelt sich um ein immenses Erbe, das noch dazu ständig weiterwächst. Dieses Erbe umfaßt Informationen und wissenschaftliche Erkenntnisse, technologisches know-how, Führungskräfte, Erfahrung in Verwaltungsangelegenheiten, Produktionsfaktoren und finanzielle Möglichkeiten, von denen sich unsere Väter nichts hätten träumen lassen. Und wenn es stimmt, daß dieses Erbe sehr schlecht genutzt wird, dann kann man aus diesem Faktum neue Hoffnungen schöpfen, da es die Möglichkeit einer weitgehend verbesserten Verwendung impliziert. Auf der anderen Seite war man überzeugt, daß die natürlichen Ressourcen, die die gute alte Erde den menschlichen

Unternehmungen zur Verfügung stellen kann, noch lange nicht erschöpft sind, da sie dank technischer Möglichkeiten vervielfacht bzw. ersetzt werden können.

In diesen Jahren der Euphorie war man sich unter anderem nicht darüber im klaren, wie bedeutsam die auf der Welt herrschende Unordnung ist. Man leugnete zwar nicht, daß es besorgniserregende Krisen gibt, die vor allem die in Entwicklung befindlichen Länder betreffen, noch das zunehmende Gefälle zwischen den reichen und armen Ländern. Aber man begnügte sich mit der Feststellung, daß es ähnliche Situationen in der ganzen Geschichte der Menschheit gegeben habe. Man dachte: Wenn es wahr ist, daß ganze Völker Niederlagen erlitten haben oder untergegangen bzw. ganz von der Bildfläche verschwunden sind, daß einstmals glorreiche Imperien verfallen, daß ganze Zivilisationen ausgelöscht worden sind, dann ist es genauso wahr, daß neue Völker, Nationen und Zivilisationen die Stelle der Verlierer eingenommen haben oder bald anderswo in ihre Fußstapfen getreten sind und es der Menschheit dadurch ermöglicht haben, ihren Fortschritt fortzusetzen. Man weigerte sich so hartnäckig zu glauben, die Lösung müsse heute anders aussehen, daß man sich nicht einmal die Frage stellte, ob das menschliche System insgesamt nicht eines Tages ins Unglück stürzen könne. Diese Hypothese hielt man für undenkbar. Das Schicksal des Menschen konnte nur der Fortschritt sein.

Ein erstes Erwachen gab es dann zu Beginn der 70er Jahre. Dabei sah man sich plötzlich einer Realität gegenüber, die ganz anders war, als man sie sich in seinem Wunschdenken vorgestellt hatte. Ein erstes Signal hatte der Club of Rome gesetzt. Der 1972 veröffentlichte *Bericht über die Grenzen des Wachstums*[1] bestätigte seine Diagnose. Die durch dieses ketzerische Buch provozierten Diskussionen waren noch voll in Gang, als im Herbst 1973 plötzlich die Ölkrise ausbrach. Die inzwischen erfolgte Vervierfachung des Rohölpreises versetzte dem ganzen Gebäude aus allzu optimistischen Vorhersagen und Hirngespinsten über die Zukunft, das man in den 60er Jahren lässig konstruiert hatte, einen Stoß, der gar nicht stärker hätte ausfallen können. Beinahe gleichzeitig hatte die schlechte Weizenernte in etlichen Ländern massive Einkäufe der Sowjetunion in den Vereinigten Staaten bewirkt und in anderen Teilen der Welt schreckliche Hungersnöte verursacht. Beides führte überall zu katastrophalen Preiserhöhungen, was sowohl die Instabilität des Weltgetreidemarkts offenbarte als auch die ungenügende Quantität der Vorräte. Die Propheten des Wachstums um jeden Preis gerieten nun an allen Fronten in Beweisnot.

Der Club of Rome ließ nicht locker. Neben dem Bewußtsein von den Grenzen des Wachstums hatte er eines von der *weltweiten Problematik* zu schaffen versucht. Denn es gibt auf der Welt ein schreckliches Durcheinander von Problemen, die wir weder an der Wurzel noch in ihren Ausläufern in den Griff bekommen, und das zu lösen sich die Menschheit vergeblich abmüht. Es sind dies Probleme aller Art: unkontrolliertes Bevölkerungswachstum, Gegensätze zwischen den Völkern, soziale Ungerechtigkeit, Hunger und Unterernährung, Armut, Arbeitslosigkeit, Wachstumswahn, Inflation, Wirtschafts- und Energiekrise, Krise der Demokratie, Währungsprobleme, Protek-

---

[1] Dennis L. Meadows u. a., *Die Grenzen des Wachstums,* Stuttgart 1972.

tionismus, Analphabetismus, unzeitgemäße Erziehung, Jugendrevolte, Entfremdung, grenzenloses Wachstum und Niedergang der Städte, Kriminalität, Landflucht, Drogen, Wettrüsten, Gewalt, Mißachtung der Menschenrechte, Gesetzesübertretungen, atomarer Wahnsinn, Verknöcherung der Institutionen, politische Korruption, Bürokratisierung, Militarisierung der Natur, Umweltverschmutzung, Verfall der moralischen Werte, Verlust des Glaubens, Gefühl der Unsicherheit etc. Jedes dieser Probleme verändert sich auf seine Weise, und all diese Probleme bedingen einander wechselseitig.

Um das Verständnis der Problematik zu erleichtern, hat mein Kollege Alexander King die Interdependenz der Faktoren in ein Schema gefaßt, das auf S. 71 abgebildet ist. An jedem Schnittpunkt dieser Problemskizze verschlingen sich soziale, politische und psychologische Faktoren und bilden so ein sehr komplexes, veränderliches Flechtwerk. Man hat noch keine Vorstellung von der Verkettung, die klar genug wäre, um die Problematik insgesamt angehen zu können. Von daher wird jedes Problem mehr oder weniger isoliert in seiner speziellen Erscheinungsform behandelt, selbst wenn man letztendlich doch nicht einfach Symptomkuriererei betreibt. Infolgedessen wird die Problematik nur immer komplizierter und die Lage immer schlimmer; so kommt es zu dem dauerhaften Zustand von Unordnung, Unsicherheit und Krise, den der Club of Rome *die gefährliche Lage der Menschheit* genannt hat.

Doch werden gerade neue Techniken entwickelt, um das Verhalten ausgewählter Probleme und Phänomene so zu analysieren, daß man sie nicht mehr isoliert, sondern „systematisch" angeht, d. h. Lösungen

Interdependenz der Faktoren

Dies ist eine sehr vereinfachte und schematische Darstellung des Netzwerkes von objektiven Faktoren, die sich wechselseitig bedingen und mit den menschlichen und sozialen Faktoren wechselwirken, die in dem Schaubild nicht enthalten sind. An den Schnittpunkten ergeben sich viele Tausende von Knotenpunkten, und dabei handelt es sich in etlichen Fällen um die kritischen Punkte, die *die Problematik* darstellen, die wir alle auf lokaler und globaler Ebene bewältigen müssen.

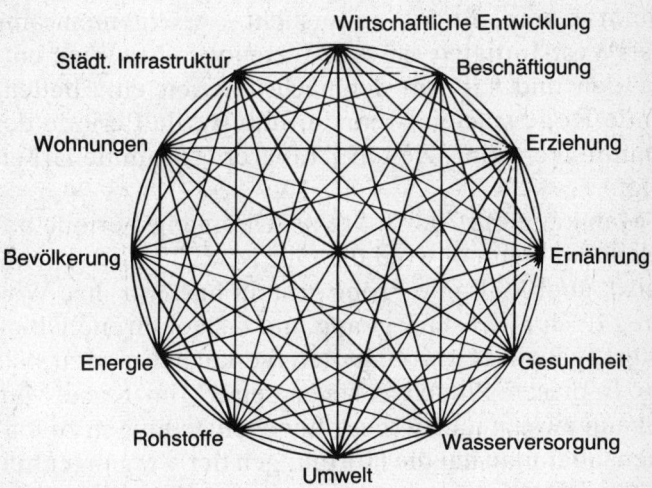

Wirtschaftliche Entwicklung
Städt. Infrastruktur
Beschäftigung
Wohnungen
Erziehung
Bevölkerung
Ernährung
Energie
Gesundheit
Rohstoffe
Wasserversorgung
Umwelt

Übernommen aus: *The State of the Planet*, Hrsg. Alexander King, Pergamon International Library, Oxford 1980.

sucht, die ihrem Zusammenhang Rechnung tragen. Der zweite Bericht an den Club of Rome[1] erschien dann im Jahre 1974 und beinhaltete einen wichtigen Schritt in der Entwicklung dieser Verfahren. Danach wurden sie noch weiter verbessert. Im Jahre 1982 wird der Stand der Forschung auf diesem Gebiet anläßlich des zehnten Jahrestags des Berichts über die Grenzen des Wachstums Gegenstand eines internationalen Symposiums sein, das am International Institute for the Application of Systems Analysis (I.I.A.S.A.) stattfinden wird. Dieses Institut ist ein großes Forschungszentrum, das die Anwendung neuer Techniken zur Lösung der Probleme der modernen Gesellschaften in Theorie und Praxis untersucht. Als gemeinsame Ost-West-Initiative ist es in Laxenburg bei Wien entstanden und kann in der nächsten Zeit eine bedeutende Rolle spielen, wenn auf die sterile Periode der Spannungen eine Zeit fruchtbarer Zusammenarbeit folgt.

Man kann die 70er Jahre als Übergangsperiode bezeichnen. Denn obwohl die Ölkrise 1973 uns auf eine harte, aber heilsame Probe gestellt hat, war ihre Wirkung doch nicht stark genug, um festgefahrene Überzeugungen und Gewohnheiten radikal in Frage zu stellen. In diesem Sinne war sie erst eine Mini-Krise. Man begann zwar, realistischere Lagebeurteilungen zu machen, aber man hat die Hoffnungen der Vergangenheit noch nicht ganz über Bord geworfen. Die öffentliche Meinung wurde sogar ermutigt, an ihnen festzuhalten, und zwar durch die schönen Worte, mit denen die Machthaber nur so um sich werfen, wenn sie Realitäten verschleiern wollen, die sie selbst nicht unter Kon-

---

[1] Mihajlo Mesarovic und Eduard Pestel, *Menschheit am Wendepunkt*, Stuttgart 1974.

trolle haben. Und dabei sind die Leute selbst oft nicht ganz unschuldig an solchen Mystifikationen. Denn sie weigern sich, sich den Kopf über Probleme zu zerbrechen, die offensichtlich unlösbar sind oder in der fernen Zukunft liegen und daher letztendlich nur die künftigen Generationen betreffen.

Gegen Ende der 70er Jahre hat sich die psychologische Situation jedoch wirklich *verändert.* Eine Wirtschaftskrise zeichnete sich ab. Das Öl, der Eckpfeiler unserer industriellen Zivilisation, wurde immer teurer. Düstere An- und Aussichten griffen um sich. Zu Unrecht hatte man dem Club of Rome Panikmache vorgeworfen, jetzt suchte man, ihn an Pessimismus zu überbieten.

Darüber hinaus haben bedenkliche politische und militärische Ereignisse die bereits gespannte internationale Lage noch verschärft. In schneller Abfolge sind folgende schwerwiegende Zwischenfälle passiert: lokale Kriege in Afrika und Südostasien, in die die Supermächte mehr oder weniger direkt verwickelt waren; der Zusammenbruch des Schah-Regimes und seines Traums von einer künstlichen Entwicklung des Iran; die sowjetische Besetzung Afghanistans, die einem strategischen Kalkül entspringt, das wahrscheinlich nicht einmal deren Protagonisten klar ist; der unerwartete Angriff des Irak auf den Iran, also ein Krieg zwischen zwei potentiell reichen Ländern, die drauf und dran sind, ihren Reichtum zu zerstören; die wachsenden Spannungen im Nahen Osten und der Sahara; die polnische Krise, die zwar ökonomische Auswirkungen hat, aber politischen Ursprungs ist; die Ost-West-Spannungen in bezug auf die Stationierung von Mittelstreckenraketen in Europa. Alle Welt beginnt nun zu verstehen, wie krank unsere moderne Gesellschaft ist. Die Gefahren einer direkten politisch-militärischen Konfrontation zwischen den Supermächten irgendwo auf der Welt haben den Hoffnungen der Menschen den Gnadenstoß versetzt. Ein Teil der öffentlichen Meinung und viele Politiker, Bankiers, Industrielle, Gewerkschafter und Universitätsprofessoren sind im Moment ratlos und niedergeschlagen. Und diese Depression ist das Gegenteil der Euphorie, die vor 15 Jahren herrschendes Bewußtsein war.

All diese Einstellungen müssen bekämpft werden. Wir mußten auf unsere naiven Hoffnungen von gestern verzichten und genauso notwendig müssen wir jetzt lernen, den außerordentlichen Ernst der Lage unseres Planeten objektiv und ausgewogen zu beurteilen. Wir müssen aufpassen, daß wir uns nicht einem resignativen Fatalismus hingeben oder umgekehrt den Verlockungen gewaltsamer Lösungen erliegen. *Wir müssen die Realität, wie sie ist, angehen.* Der Schrecken über die Entdeckung, daß unser jetziger Weg wahrscheinlich in die Katastrophe führt, muß uns in unserem Entschluß, einen anderen Weg einzuschlagen, bestärken. Nur durch den Gebrauch unseres Verstandes, durch unser Verantwortungsgefühl, mit Geduld und Entschlossenheit können wir uns auf einen menschlicheren und vernünftigeren Weg in die Zukunft begeben und die Opfer bringen, die er von uns verlangt.

Mit diesem Ziel wurde der Club of Rome gegründet. Im April 1968 hat sich eine kleine Gruppe von Humanisten, Wissenschaftlern, Ökonomen, Pädagogen und Entscheidungsträgern aus verschiedenen Bereichen des öffentlichen und privaten Sektors in der ältesten noch existierenden Akademie – der Accademia dei Lincei in Rom – getroffen und die Gründung des Club of Rome beschlossen. Damals war alles, was ich gerade gesagt habe, noch nicht ganz klar. Doch es stand schon ziemlich fest, daß die Probleme der Menschheit so schlecht gelöst werden, daß tiefgreifende Veränderungen dringend vonnöten sind. Wir wußten auch schon, daß die ethischen und philosophischen Grundlagen unserer Gesellschaft in Frage gestellt und neu begründet werden müssen und daß die Einstellung von Individuen und Gemeinschaften im kleinen und großen sich ändern muß, um mit der wirklichen Welt in Einklang zu kommen. Der Club of Rome war sich auch darüber im klaren, daß einzig ein kultureller Wandel die Menschheit in ein höheres Stadium des Fortschritts führen kann. Um diesen Weg erfolgreich zu beschreiten, mußten wir zunächst die dynamischen Entwicklungslinien der Gegenwart verstehen und die Alternativen der Zukunft, die daraus erwachsen können.

Dies ist denn auch die erste Aufgabe, der wir uns jetzt, da *wir in die entscheidende Phase der 80er Jahre getreten sind,* stellen müssen.

Zehn Gründe für den Niedergang

Aus Anlaß seines zehnjährigen Bestehens lud der Club of Rome im Jahre 1978 wiederum repräsentative Persönlichkeiten des kulturellen und politischen Lebens, aber auch Praktiker aus etwa 40 Ländern des Ostens, Westens und Südens in die Accademia dei Lincei ein — diesmal, um zu untersuchen, welche Veränderungen der conditio humana während der zehn Jahre stattgefunden hatten. Man war sich darüber einig, daß, außer ein paar Fortschritten auf gewisssen Sektoren und in einigen Regionen, die Schwierigkeiten insgesamt größer geworden waren. Und als wir die Untersuchung ein Jahr später auf einer zu diesem Zwecke nach Berlin einberufenen Tagung fortsetzten, stellten wir einstimmig fest: *Die Weltlage hat sich in der Tat merklich verschlechtert,* die Zukunftsperspektiven der Menschheit sind wirklich düster.

Seither verschlechtert sich die Lage der Erde und des Menschen zusehends, und wahrscheinlich sogar mit progressiver Geschwindigkeit. Keines der größeren Probleme ist gelöst oder wird wirklich angegangen, dagegen tauchen ständig neue auf, wodurch die gefährliche Komplexität der ganzen immensen Problematik nur noch wächst, mit der wir uns vergeblich herumschlagen. Wo es einige Fortschritte zu geben scheint, trügt manchmal der Schein und manchmal handelt es sich bloß um kurzfristige Verbesserungen.

Ein Beispiel, das wir ständig vor Augen haben und das mit der sogenannten friedlichen Koexistenz zu tun hat, ist der Vertrag zur Begrenzung der strategischen Waffen, SALT 2. Nach jahrelangen Verhandlungen zwischen den beiden Supermächten wurde er zwar unterzeichnet, doch ist es noch zweifelhaft, ob er in Kraft tritt. Und selbst wenn dies sofort der Fall wäre, sind die Begrenzungen, die er absteckt, doch so hoch und entwickeln sich die militärische Technologie und Theorie – wie auch die strategischen Waffen selbst – so schnell, daß die erhofften Vorteile dieses Vertrags sich bei seiner Unterzeichnung schon in Luft aufgelöst haben. Ein weiteres Beispiel sind die in mühsamen Verhandlungen durch die Vermittlung der USA zustandegekommenen Verträge zwischen Ägypten und Israel. Sie wurden 1979 in Camp David abgeschlossen als entscheidender Schritt zu Vereinbarungen, die der Konfrontation zwischen Arabern und Israelis ein Ende setzen sollen. Es war eine Initiative, die mit vielen Hoffnungen gestartet worden war. Dennoch ist auch sie ein Torso geblieben. Dabei braucht man die politisch-militärische, ökonomische und kulturelle Bedeutung dieses Teils des Nahen Ostens, in dem seit Jahrtausenden Geschichte gemacht wird, nicht extra unterstreichen. Dennoch ist eine solide Friedensregelung immer noch nicht in Sicht.

Eine Lektion, die wir aus diesen beiden wie auch aus anderen Fällen lernen können, ist die, daß die Zeit gegen uns arbeitet und daß den aktuellen Problemen mit Notlösungen nicht beizukommen ist. Zwar weiß man manchmal wirklich nicht mehr, wie es weitergehen soll, doch liegt das oft daran, daß man die unabdingbaren Schritte nicht unternehmen will. Man nimmt dann einfach Zuflucht zu dem, was früher als weiser Vorschlag galt: man läßt sich Zeit zum Nachdenken, in der Hoffnung, man werde in der Zwischenzeit schon eine gute Lösung finden. Heutzutage sind das aber nur Irrtümer und Illusionen. Die Ereignisse überschlagen sich; wir haben es mit äußerst dynamischen Phänomenen und Problemen zu tun, wo jede Verzögerung schädlich ist. Den Rüstungswettlauf stoppen oder die Verwicklungen im Nahen Osten entwirren, ist heute schwerer als gestern. Und das gilt auch für den Kampf gegen die Inflation, die Droge, die Überbevölkerung, gegen Armut und soziale Ungerechtigkeit. Ich werde nicht müde zu betonen, daß wir ohne jeden Aufschub die sich schnell entwickelnde Realität verändern müssen; und wir müssen sie so angehen, wie sie ist, und nicht, wie wir uns vorstellen, daß sie sein sollte.

Wenn man von Soziologen, Politologen, Anthropologen oder Philosophen verlangen würde, sie sollten unabhängig voneinander *die wesentlichen negativen Faktoren* beschreiben, die der weltweiten Problematik zugrundeliegen und in ihrer Kombination die Menschheit unentwegt auf den Weg des Verfalls treiben, dann würden wahrscheinlich sehr verschiedene Gesamtdarstellungen herauskommen. Doch würden ihre Antworten sicher ein paar kritische Punkte treffen, die allen Analysen gemeinsam sind. Ich glaube, daß die folgenden zehn Punkte zu den wichtigsten gehören:

- *Die Bevölkerungsexplosion:* Die Überbevölkerung ist sowohl ein Multiplikator für alle bestehenden Probleme als auch die Ursache immenser neuer. Wenn man dies nicht erkennt, wird die Lage nur noch schlimmer.
- *Das Nicht-Vorhandensein von Plänen und Programmen,* um die elementaren Bedürfnisse dieser riesigen Menschenmasse zu befriedigen und ihr ein anständiges Leben zu bieten. Fast ein Viertel der Erdbewohner lebt in absoluter Armut und höchster Not; niemand weiß, wie vielen Menschen morgen dasselbe Los beschert sein wird.
- *Die Zerstörung der Biosphäre:* Die vier wichtigsten biologischen Systeme, die das menschliche Leben erhalten – das Ackerland, das Weideland, die Wälder und die Meeresfauna – sind ausgepowert. Außerdem sind die Ökosysteme der Welt von der Verschmutzung durch den Menschen betroffen und bedroht.
- *Die Krise der Weltwirtschaft:* Die Rezession, das Chaos in Währungs- und Finanzfragen, die Inflation, die Arbeitslosigkeit, das ungehemmte Wachstum, der übermäßige Konsum, die Verschwendung von Ressourcen und die Unterentwicklung sind die

Symptome einer krankhaften und beunruhigenden Entwicklung. Die am leichtesten zugänglichen Energiequellen versiegen. Die industrielle Zivilisation untergräbt ihre eigenen Grundlagen.

- *Der Rüstungswettlauf,* der mit der progressiven Militarisierung einhergeht: die Militärausgaben erreichen spektakuläre Rekordhöhen, und die Vernichtungskapazität der Waffen nimmt immer furchterregendere Ausmaße an. Dennoch ist eine Obergrenze noch nicht in Sicht.

- *Die Vernachlässigung tiefgreifender sozialer Übel:* Wir leben in einer materialistischen Überflußgesellschaft, die vom Egoismus, von der Ungerechtigkeit und Intoleranz bestimmt ist. Ihre bitteren Früchte sind: Entfremdung, Apathie, Verbrechen, Drogen, Revolten, Gewalt, Terrorismus, Folter bis hin zum Völkermord.

- *Die anarchische wissenschaftlich-technische Entwicklung:* Den „Fortschritt" betrachtet man als Selbstzweck. Er vollzieht sich gleichgültig gegen die vorrangigen Bedürfnisse der Gesellschaft und deren Fähigkeit, den Fortschritt zu verkraften. Seine Kosten und sein Gewinn sind höchst ungleich verteilt.

- *Die Überalterung und Verknöcherung der Institutionen:* Sie sind hinter der Entwicklung des Lebens der Nationen und der Erde zurückgeblieben. Angesichts des wachsenden allgemeinen Chaos sind sie überfordert. Das politische Leben paralysiert sich zunehmend.

- *Der Ost-West-Gegensatz und das Nord-Süd-Gefälle:* Sie sind ein Beweis für die politische und psychologische Unreife der großen Menschengruppen und ihrer Regierungen. Unter diesen Umständen ist die Welt unregierbar.

- *Der Mangel an moralischer und politischer Führung:* Die führenden Persönlichkeiten sind ihrer Ideologie, ihrer Überzeugung, ihrem Mandat und ihren Privilegien verhaftet. Keiner ergreift Partei für den Menschen. So bleibt das Individuum hilflos und allein seinem Schicksal überlassen.

Der Leser kann die Reihenfolge dieser negativen Faktoren verändern, weitere hinzufügen oder versuchen, ein anderes Gesamtbild zu erstellen. Am Ergebnis würde das aber kaum etwas ändern. Und es wäre ein schwerer Fehler, wenn man nicht verstünde, daß nicht nur jeder dieser Faktoren unserer Dekadenz allein schon genügt, die Menschheit in die Knie zu zwingen, sondern daß sie sich auch wechselseitig beeinflussen und verstärken und dadurch ausweglose Situationen schaffen. Noch schlimmer wäre es allerdings, wollte man sich bei der Bewältigung der Krise, mit der sich die Menschheit herumschlägt, auf Methoden und Mittel versteifen, die bereits ohne Erfolg angewandt worden sind, oder wollte man sich vor allem auf den weiteren Fortschritt der materiellen Revolutionen oder gar auf die von der Logik der Gewalt diktierten falschen Lösungen verlassen. All diese Wege wären nur Varianten der bislang unternommenen Versuche. Sie waren es aber gerade, die uns in die momentane Situation gebracht haben, und daher würden sie letzten Endes unseren Niedergang nur beschleunigen.

Unsere Gattung ist auf dem höchsten Stand ihres Wissens und ihrer Macht in die Krise geraten durch ihre Unfähigkeit bzw. ihren Unwillen, ihre Mentalität und ihr Verhalten, ihre Lebens- und Handlungsweisen zu ändern, zu einer Zeit, als tiefgreifende Innovationen unabdingbar geworden sind. Um dieser Situation zu begegnen und einen Eindruck davon zu bekommen, in welche Richtung der Weg des Heils führen könnte, untersuchen wir nun näher die Grundzüge einiger der Herausforderungen und Gefahren, denen wir begegnen müssen.

Menschenmassen am Abgrund

Den größten Problemen von heute liegen die Fehler von gestern zugrunde, und die Fehler von heute verschlimmern die Probleme von morgen. *Die beklemmendsten Probleme sind nach wie vor diejenigen, die mit dem außerordentlichen Bevölkerungswachstum zusammenhängen.* Früher war das Kinderkriegen durch die Überzeugung gerechtfertigt, daß alle Kinder, die geboren werden und überleben, ihren Platz auf der Welt finden und ihre Eltern dann im Alter unterstützen werden. Die kinderreiche Familie hat in den Sitten der Völker eine lange Tradition, auch wurde sie bis vor kurzem von seiten des Staates und der Religion stark gefördert. Heute ist der Kinderreichtum jedoch zur Quelle unermeßlichen Elends und Leidens geworden.

Es gibt zahllose Beispiele für diese Wahrheit, doch möchte ich, um niemandem zu nahe zu treten, mit meinem Heimatland beginnen. Die traurigste Parole des faschistischen Regimes, das zwischen den zwei Weltkriegen in Italien wütete, war „il numero è forza" (Mussolini), also die von der Stärke der großen Zahl. In einem Land, in dessen langer Geschichte viele Menschen ausgewandert waren und das nicht alle seine Söhne ernähren konnte, war diese Stellungnahme reine Demagogie. Doch leider ist die daraus folgende geburtenfördernde Politik, die den Faschismus auf der Suche nach einem Ausweg für die Überbevölkerung in tragische militärische Abenteuer getrieben hat, noch immer nicht ganz von der Bildfläche verschwunden. Sie ist vielmehr heute noch ein Ballast für die sozioökonomische Lage Italiens. Der Faktor Bevölkerung hat auch eine nicht zu unterschätzende Rolle in den strategischen Plänen Deutschlands gespielt, denn Kaiser Wilhelm und Hitler waren auf der Suche nach einem größeren *Lebensraum.* Überhaupt hat in der ersten Hälfte dieses Jahrhunderts die Tatsache, daß in Europa sehr viele junge Männer im Rekrutierungsalter zur Verfügung standen, den Ausbruch zweier Weltkriege mit mehr als zehn Millionen Toten nicht gerade erschwert. Und die Geschichte lehrt uns, daß eine ganze Reihe weiterer Konflikte auf eine übermäßige Bevölkerungszahl zurückgehen.

Trotz ihrer materiellen Fortschritte *ist die Menschheit nicht in der Lage, die Bedürfnisse all der Kinder ordentlich zu befriedigen, die sie in die Welt setzt,* geschweige denn, ihnen eine menschenwürdige Existenz zu sichern. Das Schicksal eines von vier Menschen ist es, ein Leben lang nicht satt zu werden oder ein Leben unter erniedrigenden Bedingungen zu führen, d.h. unwissend und unnütz unter ungesunden Umständen zu leben. Die Hungernden in der Sahel-Zone, am Horn von Afrika und in etwa zehn weiteren Regionen dieses Kontinents, die Opfer von Überschwemmungen in Indien und Bangladesch, das ländliche Lumpenproletariat im Nordosten Brasiliens, die potentiellen Insassen der Flüchtlingslager und die Randgruppen in den Elendsvierteln der Erde, die wir im Fernsehen sehen, sind nur ein Teil der Verdammten dieser Erde.

Das Inferno, das sie durchleben, läßt sich mit Zahlen nicht wiedergeben. Die Statistik von S. 84 versucht trotzdem, die Lage derer zu erfassen, die in *absoluter Armut* leben – also der Leute, die ihre elementaren Bedürfnisse nur so weit befriedigen können, daß sie gerade noch überleben. Doch sollten wir über den nackten Zahlen der Statistik nicht vergessen, daß hinter jeder Zahl ein verzweifeltes Individuum steckt.

Was den *Hunger auf der Welt* betrifft, muß man sich mit Schätzwerten begnügen, da genaues Zahlenmaterial nicht zu bekommen ist und die Kriterien zur Bemessung der Armut variieren. Das Bild, das sich daraus ergibt, ist jedenfalls trostlos. „Die vierte, im Jahre 1977 durchgeführte Untersuchung der FAO zur Welternährungslage kommt zu einem erschreckenden Ergebnis: ungefähr 450 Millionen Menschen, vor allem Frauen und Kinder, sind schwer unterernährt. Mehrere hundert Millionen Menschen sind schlecht ernährt. Im Gegensatz zu den reichen Ländern beruht dieses Ungleichgewicht aber nicht auf einem Übermaß, sondern auf dem chronischen Mangel an lebenswichtigen Nahrungsmitteln ... Die Zahl der Personen, die Hunger leiden und schlecht ernährt sind, liegt höher denn je, und sie steigt weiterhin an ...[1]" Da erübrigt sich jeder Kommentar, außer der Feststellung, daß wir alle ein bißchen verantwortlich sind für die Tatsache, daß es heute noch solche Verhältnisse gibt.

Eine weitere schmerzhafte und schmachvolle Wunde ist *das Flüchtlingsproblem.* Man weiß nicht einmal genau, wie viele Flüchtlinge es gibt. Die geschätzten Zahlen differieren. Wahrscheinlich sind es

---

[1] Edouard Saouma, Generaldirektor der FAO, der Ernährungs- und Landwirtschaftsorganisation der Vereinten Nationen, Rede vor dem Europäischen Parlament, Brüssel, 1. April 1980.

Die Verdammten dieser Erde

Eine Schätzung aus dem Jahre 1976. Seither wächst ihre Zahl ständig an.

unterernährt
(unterhalb des nötigen Bedarfs
an Kalorien und Proteinen)   570 Millionen
erwachsene Analphabeten   800 Millionen
ohne jede medizinische
Versorgung   1500 Millionen
Jahreseinkommen unter
90 Dollar   1300 Millionen
Lebenserwartung unter
60 Jahren   1700 Millionen
in unzulänglichen Behausungen 1030 Millionen
Kinder ohne Schulbesuch   250 Millionen

Aus: *Basic Human Needs: A Framework for Action*, Center for Integrative Studies, University of Houston, April 1977 (Bericht für das Umweltprogramm der Vereinten Nationen).

mehr als 15 Millionen Menschen. Im allgemeinen sind sie die Opfer von Verfolgungen durch gegnerische politische Parteien oder von gewaltsamen Auseinandersetzungen zwischen Stämmen, die auf engem Raum zusammenleben müssen. Manchmal leben die Expatriierten zusammengepfercht in widerlichen, schmutzigen Auffanglagern, ohne zu wissen, ob sie da je wieder herauskommen und wo sie hingehen sollen, wenn sie entlassen werden. Wir kennen diesen modernen Exodus bis in seine beängstigendsten Details und wenden uns doch nach ein paar Wochen Mitleid immer wieder von den Opfern ab. Man zieht es sogar vor, lieber nicht darüber nachzudenken, daß sie nur ein Symptom der Intoleranz sind, mit der unsere moderne Gesellschaft infiziert ist und die schon morgen Tragödien weit größeren Ausmaßes provozieren kann.

Auch *das beklemmende Problem der Arbeitslosigkeit* kann nicht buchhalterisch erfaßt werden. Selbst die Begriffe Arbeitslosigkeit und Unterbeschäftigung gelten nur für die entwickelten Länder, wo man die Arbeitslosen relativ gut quantifizieren kann. Wegen begrifflicher und statistischer Schwierigkeiten lassen sich diese Begriffe auf die große Mehrzahl der Länder der Dritten Welt aber gar nicht anwenden. Hier muß man auf genauere Angaben verzichten. Im allgemeinen taugen die Begriffe „Beschäftigung" und „Aktivierung" besser als die Rede von den „Arbeitsplätzen", und statt von der Arbeitslosigkeit spricht man von der „Erwerbslosigkeit" der Leute, d. h. von der Unmöglichkeit, ihre Arbeitskraft einzusetzen. Aus diesem Grund zieht es das Internationale Arbeitsamt (ILO) vor, mit Begriffen wie den oben erwähnten der absoluten Armut zu arbeiten und von *Notleidenden* unterhalb einer gewissen Armutsschwelle zu reden.

Nach diesen Schätzungen betrug die Zahl der Notleidenden, China ausgenommen, 1103 Millionen[1]. Die Mehrzahl hatte keine regelmäßige Beschäftigung. Um sich eine zahlenmäßige Vorstellung von dem Problem zu machen, das sich unter diesem Blickwinkel abzeichnet, hier ein paar offiziöse Angaben: „Die aktive Weltbevölkerung wird zwischen 1975 und 1990 um etwa 665 Millionen zunehmen. Um Arbeitslosigkeit und Unterbeschäftigung zu beseitigen, müßte man in diesem Zeitraum in den reichen Ländern 125 Millionen Arbeitsplätze schaffen und in den armen Ländern (China ausgenommen) 784 Millionen Arbeitsplätze; mit anderen Worten, für jeden Arbeitsplatz in einem reichen Land müßten sechs Arbeitsplätze in einem armen Land geschaffen werden[2]."

Diese Daten muß man im Auge behalten. Um das inaktive bzw. erstmals auf dem Arbeitsmarkt erscheinende Arbeitskräftepotential zu absorbieren, müßten in Zukunft jedes Jahr 40 Millionen Arbeitsplätze geschaffen werden – ungefähr die doppelte Anzahl derer, die zwischen 1970 und 1975 entstanden sind. Soviel ich weiß, sind die konkreten Vorbereitungen für die Erfüllung dieser grundlegenden Forderung, trotz der Initiativen des Internationalen Arbeitsamtes (ILO) auf nationaler Ebene ungenügend oder kaum vorhanden und auf internationaler Ebene so gut wie nicht vorhanden. Die Zahl der arbeitsfähigen Männer und Frauen, die keine Beschäftigung finden, um sich für die Gesellschaft nützlich zu machen, wird infolgedessen unweigerlich in einem horrenden Ausmaß an-

---

[1] *Mittelfristige Schätzung für 1982–1987,* Internationales Arbeitsamt, Genf, Februar-März 1980.

[2] M. J. D. Hopkins, *Une prévision globale de la misère et de l'emploi,* Genf, September-Oktober 1980.

steigen. Und die Konsequenzen aller Art, die aus einer solchen Kurzsichtigkeit oder Unfähigkeit resultieren, kann man sich nur schwer vorstellen.

All diese an den Rand der Gesellschaft gedrängten Menschen verdanken ihr unglückseliges Schicksal *einer ungerechten Gesellschaft, die durch einen übermäßigen Bevölkerungsdruck moralisch, sozial und ökonomisch geschwächt ist,* wobei sich das Übermaß auf die Ressourcen bezieht, über die die Gesellschaft verfügt bzw. deren sie sich bedienen kann. Die klassische Gleichung Ressourcen/Bevölkerung schlägt nun gegen sie aus. Und der Abgrund, in dem sie unerbittlich zu versinken drohen, kann weder durch irgendeine nationale Politik noch durch fremde Hilfe beseitigt werden, wenn sich nicht auf beiden Seiten der Gleichung etwas ändert. Wie bei so vielen anderen Problemen ist auch dies kein rein ökonomisches oder politisches Problem. Es ist auch und vor allem ein kulturelles Problem. Man kann es nicht angehen, ohne das Übel an der Wurzel zu packen. Die Menschheit muß unter anderem lernen, ihre Geburtenziffer unter die Sterblichkeitsziffer zu senken und sich zu organisieren, um all ihre Ressourcen rationeller und gemeinschaftlich zu nutzen. Dabei beziehe ich mich nicht nur auf die materiellen Ressourcen – Wasser, Boden, Klima und Produktionsanlagen – und die finanziellen, sondern vor allem auch auf das menschliche Potential.

Auch die Vorstellung, daß die sich aus der Überbevölkerung ergebenden Probleme fast ausschließlich die Dritte Welt betreffen, geht an der Sache vorbei. Wie man es von einer Welt, in der alles mit allem zusammenhängt, nur erwarten kann, kommen deren Konsequenzen in der einen oder anderen Form überall zum Vorschein. Selbst die entwickelten Länder der

OECD[1], die glaubten sie blieben verschont, hat es voll getroffen. Und zwar direkt dadurch, daß sie die Arbeitslosigkeit nicht verringern können, obwohl ihre Bevölkerung im Verhältnis zu den Ressourcen, über die sie verfügen, relativ begrenzt ist. Man schätzt, daß sie im Moment mehr als 20 Millionen offizielle Arbeitslose haben und daß deren Zahl im Jahr 1985 die 25-Millionen-Grenze überschreiten wird. Und die Arbeitslosen werden in der Folgezeit wahrscheinlich noch zunehmen wegen der Fortschritte bei der Automatisierung der Industrie und des Dienstleistungssektors. Außerdem gibt es sehr viele arbeitslose Menschen, die in diesen Statistiken gar nicht berücksichtigt sind.

Daneben ist *das traurige Phänomen der Gastarbeiter* entstanden. Traurig ist es vom menschlichen Standpunkt aus. Soziologisch ungesund ist es, weil es im allgemeinen junge Leute sind, die ihre Familien und ihr kulturelles Milieu verlassen, um in den reicheren Ländern irgendeine Beschäftigung zu bekommen, wo sie schwere und undankbare Arbeiten erwarten zu niedrigeren Löhnen, als die einheimischen Arbeitskräfte verdienen. In Europa gibt es schon mehr als 6 Millionen Gastarbeiter. In den Vereinigten Staaten liegt ihre Zahl noch höher, außerdem leben sie dort halb in der Illegalität und im Untergrund.

Die Industrienationen sind aber auch indirekt von den Auswirkungen des weltweiten Bevölkerungsdrucks betroffen. Obwohl sie relativ schwach bevöl-

---

[1] Organization for Economic Cooperation and Development (Organisation für wirtschaftliche Zusammenarbeit und Entwicklung). Sie besteht aus 24 Ländern: Australien, Belgien, Dänemark, (Bundesrepublik) Deutschland, Finnland, Frankreich, Griechenland, Großbritannien, Irland, Island, Italien, Japan, Kanada, Luxemburg, Neuseeland, Niederlande, Norwegen, Österreich, Portugal, Schweden, Schweiz, Spanien, Türkei, Vereinigte Staaten von Amerika.

kert sind, werden sie der Dritten Welt, die unter ihrem Bevölkerungswachstum so sehr leidet, mehr und mehr helfen müssen. Sie werden gezwungen sein, ihr gegenüber eine Politik weltweiter Kooperation zu betreiben, die sich von den heute üblichen Almosen der Entwicklungshilfe grundlegend unterscheidet. Und sie werden für deren Bevölkerungsüberschuß ihre Grenzen sehr viel großzügiger öffnen müssen. Während sie heute noch die Länder sind, in denen es Überfluß, Reichtum, Verschwendung und relativ wenig Probleme gibt, werden sie morgen eine nüchternere, wenn nicht gar karge Art zu leben lernen müssen – ein Effekt, der andererseits nicht ausschließlich negativ zu bewerten ist. Sie werden vom Wachstum um jeden Preis Abstand nehmen müssen, von dem trügerischen Denken, daß alles *mehr* werden soll – die Produktion, der Konsum, die Beschäftigung –, und sich die intelligentere Logik des *Bessermachens* zu eigen machen müssen. Das bedeutet die bessere Nutzung aller Ressourcen und darunter in erster Linie des menschlichen Potentials.

Insbesondere Europa wird mit neuen Problemen konfrontiert sein. Lange Zeit über war es das große Reservoir an Menschen und schickte seine Leute aus, um andere Kontinente zu erobern, zu kolonisieren und zu bevölkern; jetzt hat sich seine Position umgekehrt. Während Europa noch im Jahre 1800 20 Prozent der Weltbevölkerung beherbergte, werden es im Jahre 2000 nur 7 Prozent sein. Der Anteil jeder der größeren europäischen Nationen, Frankreich, Deutschland, England und Italien, wird nur ungefähr 0,8 Prozent betragen. Der alte Kontinent wird also auch unter diesem Blickwinkel alt aussehen.

Trotz der Reduktion seines Anteils der Aktiven an der Gesamtbevölkerung wird Europa im Jahr 2000 das

Problem der Arbeitslosigkeit nicht gelöst haben. Eine paradoxe Situation, auch deshalb, weil Europa sicher eine wachsende Zahl von Gastarbeitern wird aufnehmen müssen. Die Hauptprobleme seiner Außenpolitik werden darin bestehen, neue Formen der Zusammenarbeit und des Wettbewerbs mit dem Rest der Welt zu finden und insbesondere mit seinen arabischen und afrikanischen Freunden und Nachbarn. Denn diese jungen und geburtenstarken Nationen, die auf der Suche nach Kapital, Technologie und Märkten und mehr denn je nach Abnehmerländern für ihre überschüssige Bevölkerung sein werden, werden sich vordringlich an Europa als ihren natürlichen, nächsten Partner wenden. Sie werden Europa mit nur schwer abzulehnenden, aber auch schwer zu erfüllenden Forderungskatalogen kommen. Auch in diesem Fall werden die Konsequenzen nicht ausschließlich negative sein. Denn um diesen Forderungen nachzukommen oder einfach um zu überleben, wird Europa gezwungen sein, die Erfindungsgabe seiner Menschen zu entwickeln, neue, überzeugende Ideen hervorzubringen, die Richtigkeit seiner sozialen Innovationen und die Effizienz seiner politischen Lösungen unter Beweis zu stellen und vor allem Verständnis für die Probleme der Völker aufzubringen, die Europa brauchen. All dies bedarf einer außerordentlichen Anstrengung, auf die sich die Europäer schon heute vorbereiten sollten, indem sie sich vereinigen.

Wenn die Lage der Industrienationen schon besonders schwierig zu werden verspricht, dann stellt sich die Weltlage insgesamt äußerst dramatisch dar. Nichtsdestoweniger ist die Vorbereitung auf die Bewältigung der noch nie dagewesenen Bevölkerungsprobleme praktisch noch gleich Null – selbst wenn man nur den kurzen Zeitraum bis zum Jahr 2000 ins Auge faßt. Man hat den neuartigen Charakter und die kolossalen Dimensionen der Aufgabe noch gar nicht erkannt, es gilt nämlich, *eine zusätzliche Bevölkerung von zwei Milliarden Menschen* mit Wohnungen, anderen lebensnotwendigen Gütern und Schulen zu versorgen, und das angesichts einer Lage, in der die bereits lebende Bevölkerung schon schlecht versorgt ist. Man nimmt sich im allgemeinen der unmittelbar anstehenden Probleme an, die offen zu Tage liegen und die selbstredend sehr schlimm sein können – wie eine Hungersnot in einer Region oder nicht mehr verfügbare Ressourcen. Darüber vergißt man aber oft, die globalen Probleme anzugehen, von denen das Schicksal der ganzen Menschheit abhängt.

Nehmen wir den Fall der *Infrastrukturen,* die in den nächsten 20 Jahren errichtet werden müssen. Eine Aufgabe, die den *Neubau einer kompletten zweiten Welt* beinhaltet. Man wird Tausende neue Städte von beispielsweise 100 000 Einwohnern entwerfen, bauen und in Betrieb setzen oder neue, große Viertel in der Nähe der jetzigen Städte errichten und Hunderttausende, wenn nicht gar Millionen von Dörfern (mit z. B. 500 bis 1000 Einwohnern) schaffen müssen, die mit all den Einrichtungen ausgestattet sein wollen, die ein menschenwürdiges Leben in bescheidenem Wohlstand ermöglichen. Und dazu muß man sie mit allem möglichen ausstatten – mit Häusern, Schulen, Krankenhäusern und anderen öffentlichen Einrichtungen, Fabriken, Werkstätten, Straßen, Häfen, Flugplätzen, Dämmen, Kanälen, Silos sowie mit Freizeit- und Kulturzentren, die den heutigen Bedürfnissen entsprechen.

Man wird weder die Zeit haben noch fähig sein, diese

Zentren so auszustatten wie die Kunstdenkmäler, die unsere Vorfahren uns hinterlassen haben und die unser Leben so verschönern. Dennoch darf diese zweite Welt vom funktionellen Standpunkt aus der unseren nicht nachstehen – was nicht gerade viel verlangt ist. Es wird einem aber schon schwindelig, wenn man sie sich vorzustellen sucht. Einen solchen Plan zu entwerfen, ist nämlich hundertmal komplizierter als der Marshall-Plan, der nach dem Zweiten Weltkrieg beim Wiederaufbau Europas geholfen hat, und seine Verwirklichung würde ein bedeutenderes Werk sein als die Gesamtheit der Bauwerke, die die Menschheit vom Mittelalter bis in unsere Tage errichtet hat. Soweit die sehr komplizierten Rechnungen, die der Leser nachprüfen kann, wenn er will.

Um das Chaos verstehen zu können, das die neuen Bevölkerungsschübe verursachen werden, wenn sie sich kurzfristig über die Erde ergießen, braucht man die anderen großen Probleme also gar nicht einzubeziehen. Diejenigen, die ich skizziert habe, sind mehr als ausreichend. Um vor dem Ende des Abschnitts noch einmal auf das Problem der Infrastruktur zurückzukommen, so besteht die Grundfrage darin: Woher wird die in so viele gegensätzliche Gruppen aufgesplitterte Menschheit die Eintracht und die Schöpferkraft, das Kapital, das Material und den Raum für ein solch außerordentliches Unterfangen nehmen? Für den Anfang bräuchte es einen globalen Bebauungsplan für die großen Regionen der Erde. Allein die Konzeption eines solchen Plans bedarf der Phantasie der großen Visionäre und des totalen moralischen Engagements für die notleidende Bevölkerung von heute und morgen. Doch gibt es heute noch nichts dergleichen.

Unter diesen Voraussetzungen können die Zukunftsaussichten nur düster und stürmisch sein. Ungeheure Menschenmassen werden dazu verurteilt sein, in einer mit Menschen überfüllten Welt am Rande des Abgrunds dahinzuvegetieren; und so werden sie wahrscheinlich die größte Katastrophe in der Geschichte der Menschheit verursachen.

Die Zerstörung der Natur

Eine mittelfristig noch ernstere Gefahr droht uns davon, daß wir so viele biologische Kapazitäten verbrauchen bzw. sie so verändern, daß sie keine ausreichende Grundlage mehr für die künftigen, ungestüm vorwärtsschreitenden Generationen bildet.

Wie schon gesagt, verdankt der Mensch seinen spektakulären Aufstieg der Kreativität seines Gehirns und dem Geschick seiner Hände. Im Anfang gab es nur wenige Exemplare der Gattung Mensch in bestimmten Gegenden der Erde. Selbst wenn sie sich in ein neues, riskantes Abenteuer stürzten, waren sie wie alle anderen Lebewesen in der Defensive. Sie gingen jedoch in die Offensive, indem sie ihre ersten Kenntnisse und Werkzeuge, die kein anderes Lebewesen besaß und die es ihnen ermöglichten, sich vor Unbilden zu schützen, geschickt einsetzten, um ihre Feinde oder Konkurrenten zu besiegen und sich genug Nahrung zu verschaffen – kurzum sie sicherten sich relativ große Überlebenschancen, indem sie sich der Natur bedienten. Je dominanter die Menschen jedoch wurden, um so mehr wurde die Benutzung der Natur zur Ausbeutung, und heutzutage, da wir über mehr Macht als

Weisheit verfügen, beuten wir die Natur nur noch aus und zerstören sie.

Der Mensch, dessen Weg mit kleinen Schritten begonnen und der seinen Aufstieg mit Riesenschritten fortgesetzt hatte, übernahm schließlich die Macht und errichtete sein Reich – doch nur allzu oft *auf Kosten der Natur.* Und unerbittlich setzt er seinen Aufstieg fort, ohne zu wissen, ob er dabei nicht gefährliche Schwellen überschreitet oder sein eigenes Grab schaufelt. In dieser Hinsicht wußte der „gute Wilde" aus dem Urwald oder der auf der Suche nach Weideland nomadisierende Schäfer am Anfang der Geschichte, so rückständig sie uns auch erscheinen mögen, besser zu unterscheiden zwischen dem, was uns nützt, schadet oder für uns tabu ist. Indem sie ihre Grenzen einhielten, bewiesen sie mehr gesunden Menschenverstand und Wissen um das kulturelle und ökologische Gleichgewicht als wir, die Barbaren des Atom- und Computerzeitalters, die wir auf unsere Hebel und Knöpfchen, unsere Bulldozer, unsere Tanker und Überschallflugzeuge so stolz sind.

Eines der wichtigsten Dokumente der letzten Zeit, die *Stratégie mondiale de la conservation*[1] gibt einen Überblick über die von uns geschaffene Lage. Ich zitiere daraus, weil es ein anerkanntes Werk ist:

- „Die Kapazität der Erde, für den Unterhalt des Menschen zu sorgen, erleidet laufend unersetzbare Verluste, und zwar sowohl in den in Entwicklung befindlichen als auch in den entwickelten Ländern.
- Hunderte Millionen von Männern und Frauen in den ländlichen Gemeinden der Entwicklungsländer

---

[1] Vgl. die Fußnote auf S. 96.

zerstören gezwungenermaßen die Ressourcen, die es ihnen ermöglichen würden, sich von Hunger und Not zu befreien.

- Die Kosten für die Produktion von Gütern und Dienstleistungen steigen.
- Die Ressourcen, auf denen die großen Industrien basieren, nehmen ab."

Die Folgen sind vielfältiger Natur. Eine der Folgen veranschaulicht die Zeichnung auf S. 96. Die oben zitierte Veröffentlichung kommentiert sie folgendermaßen: „Die für das Überleben der Menschheit und ihre dauerhafte Entwicklung unabdingbaren organischen Ressourcen werden in immer kürzer werdenden Zeiträumen zerstört bzw. aufgebraucht, die Nachfrage nach diesen Ressourcen steigt. Wenn die Verschlechterung der Böden so weitergeht wie bisher, wird im Laufe der nächsten 20 Jahre ein Drittel des (durch eine Ähre symbolisierten) Ackerlandes auf der Welt unbrauchbar sein. Genauso werden die ertragreichen, aber noch nicht genutzten tropischen Wälder um die Hälfte abnehmen, wenn die Rodung so schnell fortschreitet wie bisher ... in dieser Zeit dürfte die Weltbevölkerung sich um die Hälfte vermehren ... *Eine wachsende Anzahl menschlicher Wesen benötigt also Ressourcen, die immer knapper werden ...*"

Sie, meine Leser, brauchen sich gar nicht erst auf die Suche nach exakten Zahlen oder mathematischen Beweisen zu begeben, denn es gibt sie nicht, und wenn es sie geben wird, dann wird es schon zu spät sein. Unsere Unkenntnis dessen, wie begrenzt die Fähigkeiten der Natur, für unseren Unterhalt zu sorgen, sind, ist bodenlos. Sie wird nur noch übertroffen durch unsere Gier, die uns dazu treibt, alle Ressourcen so weit und

Die pflanzlichen und tierischen Ressourcen des Planeten nehmen ab, während die Bevölkerung wächst

Ackerland und Wälder gehen zunehmend zurück. Die genetische Vielfalt der Tiere und Pflanzen nimmt vielleicht noch schneller ab, wodurch das natürliche Erbe der Menschheit noch kleiner wird. Dagegen nimmt die Bevölkerung ständig zu und auch ihre Ansprüche wachsen. Jeder einzelne wird also über einen viel geringeren Anteil an natürlichen Ressourcen verfügen als früher.

Stratégie mondiale de la conservation, International Union for Conservation of Nature and Natural Ressources (IUCN), Umweltprogramm der Vereinten Nationen (UNEP), World Wildlife Fund (WWF), Genf 1980.

so schnell wie möglich auszunutzen. Dennoch haben wir ein paar recht verläßliche Anzeichen, um uns ein Bild von der Art und Größenordnung der Zerstörung unserer Umwelt machen zu können. Der Planet Erde wird geplündert und zerstört von einer armen Mehrheit, die die Ressourcen einfach um des täglichen Überlebens willen auspowert, und von einer reichen Minderheit, die in ihrer unersättlichen Gier verschwenderisch alles konsumiert. Die Mehrheit kann also nicht an morgen denken, und die Minderheit will sich nicht darum kümmern.

Führen wir uns kurz einige Aspekte unseres angegriffenen natürlichen Erbteils vor Augen. Zunächst *die Böden*. Nur etwas mehr als ein Zehntel der Fläche aller Kontinente ist im weitesten Sinne überhaupt für die Landwirtschaft geeignet. Davon sind die besten Ländereien bereits bebaut, und mangels wirksamer Pläne und Projekte wird der Prozeß der Urbarmachung neuer Gebiete langsam, schwierig und kostspielig sein. Im übrigen werden der Landwirtschaft immer größere Flächen entzogen, um sie dem „Betongott" zu opfern, der den krampfhaften und verhängnisvollen Weg bestimmt, den wir noch immer mit dem Euphemismus „Entwicklung" benennen. Im Unterschied zu natürlichen Erosionen, die gewöhnlich durch die spontane Regeneration kompensiert werden, sind die direkt oder indirekt vom Menschen verursachten Zerstörungen und Erosionen im allgemeinen nicht rückgängig zu machen.

„Wenn es kein Gleichgewicht zwischen dem Boden und der Vegetation gibt, wie dies oft der Fall ist, wenn der Mensch den Boden rücksichtslos aussaugt, nimmt die Erosion binnen kurzem ein katastrophales Ausmaß an. Selbst unter natürlichen Bedingungen, wo der

Boden mit Vegetation bedeckt ist, braucht die Natur 100 bis 400 Jahre, wenn nicht länger, um 10 mm Erdoberfläche zu schaffen ... Auf ein Menschenleben bezogen, kann man also sagen, daß der Boden für immer verschwunden ist[1]."

Das schlimmste Phänomen ist das der *Versteppung,* von der im Augenblick ein Zehntel von Lateinamerika, ein Fünftel von Afrika und Asien und ein Viertel von Australien bedroht ist. Hunderte von Studien und Aufsätzen und selbst eine weltweite Konferenz über die Wüsten haben diese Lepra des Bodens in allen Details diagnostiziert und Vorschläge zu ihrer Heilung gemacht. Aber die Regierungen reagieren nur langsam, die Unternehmer machen weiter ihre Geschäfte, und die von dieser Geißel betroffene Bevölkerung weiß nicht, wie sie ihre Gewohnheiten verändern soll, mit dem traurigen Ergebnis, daß die Wüsten weiter vordringen.

Es stimmt zwar, daß neue Ländereien für den Akkerbau erschlossen werden können, während andere für diesen Zweck verlorengehen. Trotz alledem entwickelt sich die Bilanz immer mehr zu unseren Ungunsten. Bis ins Jahr 1950 nahmen die Anbaugebiete im selben Maß zu wie die Weltbevölkerung. Von 1950 bis 1975 nahmen sie weniger zu, und die Hochrechnungen für das letzte Viertel des 20. Jahrhunderts sagen eine weitere besorgniserregende Abnahme vorher. Einige Zahlen können uns ein Hinweis sein auf die Schwierigkeiten, die uns erwarten. Die mit Getreide bebauten Flächen betrugen im Jahre 1950 0,241 Hektar pro Kopf und sind bis 1975 auf 0,184 Hektar pro Kopf zurückgegangen; und die Vorhersage läuft darauf hin-

---

[1] Vgl. die Fußnote auf S. 96.

aus, daß sie bis zur Jahrhundertwende auf 0,128 absinken werden[1]. Es ist zweifelhaft, ob Produktivitätssteigerungen dies kompensieren können. Man kommt also nicht umhin um die Feststellung, daß die großen Ernährungsprobleme der Menscheit noch größer werden.

Die großen *Waldgürtel* sind gleichfalls zum Aussterben verurteilt oder in Gefahr. Das wichtigste natürliche System ist wahrscheinlich das der tropischen Regenwälder. Sie sind die Überreste uralter biologischer Gemeinschaften, die sich in mehreren zehn Millionen Jahren entwickelt haben. Unter ihrem Schutz lebt heute fast die Hälfte aller wichtigen Pflanzen- und Tierarten. Dort findet man in den Vorläufern der Gräser und Pflanzen, die wir anbauen, auch das unschätzbare Erbe einer natürlichen genetischen Reserve – die Urquelle, die wir im Notfall zur biologischen Erneuerung unserer Nutzpflanzen anzapfen können.

Der englische Naturforscher Norman Myers hat herausgefunden, daß von diesen Wäldern 50 Hektar pro Minute zerstört werden, was dem jährlichen Verlust eines Gebiets von der Größe Belgiens, Hollands und Dänemarks entspricht. Wenn man die Wälder hinzurechnet, die für andere kommerzielle oder landwirtschaftliche Zwecke mißbraucht werden, dann verdoppelt sich die Fläche zur Hälfte Frankreichs. Bei dieser Geschwindigkeit würde es die tropischen Regenwälder, die sich heute noch auf 9 Millionen Quadratkilometer erstrecken, nur mehr etwas länger als 40 Jahre geben. Man kann sich nur schwer vorstellen, wie unser Planet ohne diese Wälder, ohne diesen Grüngürtel in den Tropen aussehen wird. Dennoch läuft diese

---

[1] Lester R. Brown, *The Worldwide Loss of Cropland,* World Watch Institute, Washington 1978.

Entwicklung vor unseren Augen ab. Und es ist nicht schwer zu verstehen, daß eine solche makroskopische Mutation einen enormen Einfluß auf die Ökologie und die Gesundheit des Menschen haben wird. Dennoch scheint es bislang kein Mittel zu geben, um uns aus unserer kulturellen, ja existentiellen Gleichgültigkeit gegenüber dieser potentiellen Katastrophe zu erwecken und die sie verursachenden Wirtschaftstätigkeiten unter Kontrolle zu stellen.

Der beschämendste Aspekt in dieser ganzen Geschichte sind *unsere Beziehungen zu den anderen Arten,* die uns bislang auf unserem Weg begleitet haben. Zu unserer biologischen Existenz brauchen wir eine ganze Reihe von ihnen. Alle Arten sind aber wichtig, selbst die, deren Nützlichkeit wir noch nicht entdeckt haben; und von Bedeutung ist auch das Ökosystem, das sie in ihrer Gesamtheit bilden, obwohl wir von der tiefen Verbundenheit und dem Charakter der Abhängigkeit noch kaum eine Ahnung haben. Wir sind rücksichtslos und verrückt, daß wir so große, nicht wieder gutzumachende Schäden bei den anderen Formen des Lebens anrichten, und einzig ein wahnsinniger, wilder Tyrann wäre in der Lage, Ähnliches zu leisten.

In der irrigen Meinung, wir seien ohne Tadel und hätten das Recht, so zu handeln, haben wir eine unermeßliche Vielzahl von Arten dezimiert oder vernichtet. Wir sind jetzt erst imstande zu konstatieren, was wir mit den größten Arten angestellt haben, darunter vielen Säugetieren, die vor dem Erscheinen des Menschen die höchstentwickelten Lebewesen waren. Um unsere Bedürfnisse zu befriedigen oder unseren Launen zu frönen, fangen wir wunderschöne Lebewesen, sperren sie in Käfige ein, kastrieren und kreuzen sie, wir besamen sie künstlich und manipulieren sie genetisch, überernähren und vivisezieren sie. Wir haben unsere Landwirtschaft spezialisiert und industrialisiert, und dabei wider die Natur gehandelt, deren Gesetze besagen, daß Ökosysteme um so stärker sind, je größer ihre Vielfalt sich entwickelt. Mit all diesen Taten untergraben wir letztendlich die biologische Stärke und reduzieren die genetische Verschiedenheit der für uns nützlichen mannigfaltigen Pflanzen- und Tierwelt, denn wir domestizieren sie und verringern dadurch ihre Widerstandsfähigkeit gegen Umweltveränderungen, Krankheitserreger und Parasiten. Und so schaffen wir mit unserer eigenen Hände Arbeit, was sich morgen als biologischer Bumerang gegen uns richten kann.

In Zukunft droht die Zerstörung anderer Arten zu einem wahrhaften Gemetzel auszuarten. Im Moment sind 250 000 Pflanzenarten und mehr als 1000 Arten und Unterarten von Säugetieren, Kriechtieren, Vögeln und Fischen, deren Evolution Jahrtausende gedauert hat, unmittelbar vom Aussterben bedroht. Dasselbe Los erwartet sehr viele kleine, insbesondere wirbellose Tiere – Weichtiere, Insekten, Korallen. Durch die Zerstörung ihrer natürlichen Umwelt werden sie verschwinden, noch bevor die Wissenschaft sie kennenlernen und klassifizieren kann. Norman Myers schätzt, daß es zwischen fünf und zehn Millionen Tier- und Pflanzenarten auf der Welt gibt und daß vor dem Jahr 2000 eine halbe bis eine Million von ihnen durch Menschenhand aussterben werden. Ihre Zukunft ist besiegelt, ohne daß wir wüßten, welche Zukunft wir uns wünschen, noch ob nicht unser beider Zukunft zusammenhängt.

Welch erschreckende Unkenntnis der Gesetze des Lebens, welche Verschwendung potentieller Ressourcen, welche Mißachtung der Interessen unserer Nachfahren, welche Grausamkeit anderen Lebewesen gegenüber, die auch ein Recht auf Leben haben, welche Barbarei, welch eine Sünde wider den wahren Geist der Religion, welch ein Mangel an ethischen Prinzipien und an Respekt vor unserer eigenen Humanität!

Überall, wo wir hinkommen, ist es aus mit dem Leben in Freiheit – dem Herzstück der Natur. Und wir sind die ersten, die darunter zu leiden haben. Der große amerikanische Experte Lester R. Brown hat bewiesen, daß *die vier großen biologischen Systeme,* von denen wir abhängig sind und die ich im vorigen Abschnitt schon erwähnt habe – die Meeresfauna, die Wälder, das Weide- und das Ackerland – bereits überlastet sind. Trotz wachsender Investitionen an Kapital und Technologie hat die Pro-Kopf-Produktion bestimmter wichtiger landwirtschaftlicher Produkte schon vor einigen Jahren ihre oberste Grenze erreicht und nimmt seither ab. Hier einige Beispiele: die Holzproduktion hat 1977 ihren Höchststand erreicht, die Produktion von Rindfleisch im Jahre 1976 und die von Hammelfleisch im Jahre 1972, die Produktion von Wolle im Jahre 1960, die von Getreide 1976 und der Fischfang seinen Höchststand im Jahre 1970. Das alte chinesische Sprichwort: „Gib einem Hungernden einen Fisch, dann hat er einen Tag zu essen, lehrst du ihn aber fischen, dann hat er sein Leben lang zu essen", gilt heute also nicht mehr uneingeschränkt, denn man muß hinzufügen: „nur unter der Bedingung, daß die anderen nicht fischen, da der Fisch nicht für alle Menschen reicht."

Leider muß man feststellen, daß viele Staatsmänner, Wirtschaftsexperten und Wissenschaftler trotz alledem die Beziehungen des Menschen zur Natur auf sein Verhältnis zu seiner unmittelbaren Umwelt reduzieren und sich daher vor allem um den Faktor Umweltverschmutzung kümmern. Sie beschränken sich auf taktische Überlegungen, wie etwa die offenkundigsten negativen Auswirkungen der Betätigung des Menschen auf die Umwelt zu vernünftigen Kosten in erträglichen Grenzen zu halten sind. Wie oft erzählen sie uns die Geschichte von der Themse, die früher verschmutzt war und jetzt wieder saniert ist! Und auf dieses Beispiel gestützt versichern sie einem, stolz wie Leute, die ein Problem gelöst haben, daß es, wenn man zum Beispiel 1,5 Prozent des Nationaleinkommens für den Kampf gegen die Umweltverschmutzung einsetzt, möglich ist, diese auf ein sehr erträgliches Maß zu reduzieren. Woraus sie dann weiterschließen, daß sich eine saubere Umwelt sehr wohl mit wirtschaftlichem Wachstum verträgt – und damit haben sie ihren Seelenfrieden gefunden.

Um diesen wichtigen Punkt der Zerstörung der Natur erschöpfend zu behandeln, müßte man noch vieles andere betrachten. Man müßte die in jeder Hinsicht herausragende Bedeutung der noch ziemlich unerforschten Reichtümer der Antarktis betonen, wozu der berühmte *Krill* gehört, diese kleinen Tiere, von denen Unmengen im Polarmeer leben. Sie stellen eine auch biologisch sehr bedeutsame Reserve für die Menschheit dar, die zwar durch ein Abkommen aus dem Jahre 1961 geschützt ist, das aber leider 1991 ausläuft – danach besteht also die Gefahr einer weitreichenden Plünderung, wofür mehrere Nationen bereits gerüstet sind. Man müßte über den drohenden Abbau der Bodenschätze am Meeresboden diskutieren, der einiges verändern wird in den Weltmeeren, die früher als eiserne Reserve und als gemeinsames Erbe der Menschheit galten. Man müßte die Rückwirkungen der Emission von Partikeln und Kohlendioxid in die Atmosphäre auf die Biosphäre und das Klima in Betracht ziehen, die noch unerforschten Auswirkungen dessen, daß überall giftige Abfallprodukte unserer industriellen Zivilisation freigesetzt werden und die Abnahme der Ozonschicht, die uns von oberhalb der Atmosphäre beschützt.

Weitere Themen wären noch zu behandeln, doch würde das Buch dann zu dick. Auch glaube ich, daß meine Skizze vom Stand und den Perspektiven in den Beziehungen des Menschen zur Natur als Warnung ausreicht. Die conditio humana ist bedroht und wird immer bedrohlicher. Wenn die Menschheit ihr selbstmörderisches Verhalten nicht ändert, dann können wir uns bald in die Rote Liste der *bedrohten Arten* eintragen.

Die verrückte Sicherheitspolitik

Die größte, absurdeste und unmittelbarste Bedrohung unserer Gattung ist aber die der *Selbstzerstörung mit streng wissenschaftlichen Methoden*. Verglichen mit anderen Gebieten wurden in der Waffentechnik nämlich unglaubliche Fortschritte erzielt. Ausgeklügelte Waffensysteme mit todsicherer Wirkung stehen bereit. Dabei handelt es sich vor allem um Atomwaffen. Sie sollen in den weiten Räumen der Atmosphäre oder des Ozeans abgeschlossen werden, da diese nicht die ärgerlichen Hindernisse der Erdoberfläche aufweisen. Diese Fortschritte verdanken wir außerordentlichen Anstrengungen in Vergangenheit und Gegenwart. Um sie zu verwirklichen, haben die sogenannten entwickelten Länder eine Unmenge von Wissenschaftlern engagiert, die Tag und Nacht zugange sind und von einem riesigen Militärapparat und reichen Unternehmen unterstützt werden, während die Regierung und die vom Volk oder den Machthabern gewählten Parlamente die nötigen Gelder bewilligen.

Von diesem Wettlauf haben die Supermächte selbstverständlich unschätzbare Vorteile. Doch bereiten sich auch andere große Nationen darauf vor, im Falle einer nuklearen Auseinandersetzung ein Wörtlein mitreden zu können. Und viele Länder, die nicht zu dieser Spitzengruppe zählen, sind bemüht, ihren Rückstand aufzuholen. Nach Vorhersagen von Spezialisten werden von jetzt bis zur Jahrhundertwende etwa vierzig Staaten die nötigen Kapazitäten und Einrichtungen besitzen, um der Atom- und Weltraumelite anzugehören.

Auf der anderen Seite erproben und entwickeln die Menschen neben den thermonuklearen Waffen weitere geniale Mittel — chemischer, biologischer und ökologischer Art —, um sich gegenseitig zu vernichten oder zumindest zu paralysieren, sich kaputtzumachen oder ihr höllisches Spiel miteinander zu treiben, das das gängige Vokabular noch nicht zu beschreiben in der Lage ist.

Dadurch besitzt die Menschheit Waffen — vom Gewehr bis hin zu den Interkontinentalraketen —, deren zerstörerisches Potential ständig wächst. Im Zweiten Weltkrieg besaßen die stärksten Bomben eine Sprengkraft von über zehn Tonnen TNT, die Atombombe auf Hiroschima im Jahre 1945 hatte bereits eine Größenordnung von 13 000 Tonnen, und heute verfügt man über atomare Sprengköpfe mit einer Sprengkraft, die

25 Millionen Tonnen TNT entspricht. Insgesamt enthalten die Arsenale Atomwaffen, die über fünfzehn Milliarden Tonnen TNT entsprechen. Das bedeutet, daß jeder Bürger dieser Welt, einschließlich Frauen und Kindern, auf einem Pulverfaß von drei Tonnen hochexplosiven Sprengstoffs sitzt, der sofort gezündet werden kann. Das Schaubild am Ende des Buches soll eine Vorstellung von dem „Fortschritt" vermitteln, den die Menschheit seit drei Jahrzehnten in diese Richtung macht. Es ist eine permanente Eskalation, die das Vorspiel zum Ende der Menschheit sein kann.

Angesichts dieser ungeheuerlichen Vorstellung sollte man eigentlich mit der erreichten *Overkill*-Kapazität vollauf „zufrieden" sein. Doch ist dies offensichtlich nicht der Fall. Die Militärhaushalte werden ständig aufgestockt und übersteigen im Jahr 1980 bereits die 500-Milliarden-Grenze. Man kann sich diese astronomische Summe nur schwer vorstellen. Sie entspricht Ausgaben von etwas weniger als einer Million Dollar pro Stunde, ein Haufen Geld, der in Zehn-Dollar-Scheinen gestapelt immerhin dreimal so hoch ist wie der Mont-Blanc. Dieses schwindelerregende Investitionsniveau ermöglicht auch die Intensivierung der Forschung und Entwicklung, welche bereits bei weitem die Anstrengungen übertrifft, die auf anderen Gebieten, einschließlich der Suche nach neuen Energiequellen, unternommen werden.

Eine halbe Million Wissenschaftler – also ungefähr die Hälfte aller Wissenschaftler, darunter auch viele Nobelpreisträger – sind mit „Verteidigungs"-Angelegenheiten beschäftigt. Man braucht sich also gar nicht wundern, daß die militärische Technologie mit Riesenschritten vorwärtseilt und, soviel ich weiß, auf manch einem Gebiet kurz vor einem neuen Durchbruch steht, der den „Ertrag" jedes in die Rüstung investierten Dollars um ein Vielfaches steigen läßt. Auf Seite 108 finden sich weitere Denkanstöße in Sachen unseres kollektiven Wahnsinns.

Bevor wir uns fragen, wie die Menschheit sich auf ein solch katastrophales Unternehmen einlassen konnte, möchte ich zu unseren Überlegungen noch zwei Zitate von hervorragenden und verantwortungsbewußten Männern beisteuern. Das erste stammt von Robert McNamara, dem früheren Verteidigungsminister der Vereinigten Staaten: „Keine Regierung kann sich der Verantwortung entziehen, ihrer Gesellschaft ein passendes und vernünftiges Maß an Verteidigung zu sichern. In einer unvollkommenen Welt ist dies notwendig. Aber genauso notwendig ist es zu lernen, daß das Sicherheitskonzept mehr umfaßt als die bloße militärische Stärke und daß eine Gesellschaft an einen Punkt kommen kann, wo durch zusätzliche Militärausgaben nicht mehr Sicherheit geschaffen werden kann[1]." Der Gedanke ist folgender: jenseits eines gewissen Ausmaßes an Verteidigungsmitteln – hier scheint die Annahme nicht abwegig, daß das momentane Niveau implizit als gerechtfertigt erscheint – vergrößern *zusätzliche* Militärausgaben nicht weiter die Sicherheit. Diese hinge vielmehr *auch* von anderen Faktoren ab, die aber *sekundär* sind. Ein Paradebeispiel dafür, wie das Urteilsvermögen unserer intelligentesten Männer durch die fixe Idee der materiellen Möglichkeiten deformiert ist. Wegen ihrer Bedeutung und ihrer unglaublichen Stärke gelten sie als geeignete Mittel, unseren modernen Gesellschaften alles zu geben, ein-

---

[1] Zitiert nach dem Vorwort zu *World Military and Social Expenditures* 1977, Ruth Leger Sivard (Hrsg.), WMSE Publications, Leesburg, Virginia 22075, USA.

Der Wahnsinn in Zahlen

- Um die Militärausgaben auf dem jetzigen Stand zu halten, muß jeder Mensch in seinem Leben 3 bis 4 Jahreseinkommen dem Rüstungswettlauf opfern.
- Die entwickelten Länder geben 20mal mehr Geld für ihre Aufrüstung aus als für die Entwicklungshilfe.
- In zwei Tagen gibt die Welt mehr Geld für ihre Rüstung aus als die ganze UNO mitsamt ihren Unterabteilungen in einem Jahr.
- Mehr als 200 Millionen Bürger werden direkt oder indirekt vom Verteidigungsministerium bezahlt.
- Die Schulung des militärischen Personals der Vereinigten Staaten kostet mehr als das Doppelte des Unterrichts für 300 Millionen Schulkinder in Südasien.
- Ein Unterseeboot des Typs Trident kostet genausoviel wie ein Jahr Unterricht für 16 Millionen Kinder in Entwicklungsländern.
- Um den Preis eines modernen Panzers könnte man Klassenzimmer für 30 000 Kinder bauen.
- Um den Preis eines Kampfflugzeugs könnte man 40 000 Dorfapotheken einrichten.

Die Angaben stammen aus dem Buch *World Military and Social Expenditures 1980*, Ruth Leger Sivard (Hrsg.), World Priorities, Leesburg, Virginia 22 075, USA und aus dem Bericht der Unabhängigen Kommission für Probleme der internationalen Entwicklung („Brandt-Kommission"): *Nord-Süd, Ein Programm fürs Überleben*, 1979.

schließlich der Sicherheit und – warum auch nicht? – des Seelenheils. Diese geistige Verwirrung ist es aber, die uns so weit gebracht hat, daß wir an das Wunder technologischer Lösungen für soziale Probleme und an die Halluzinationen gewisser Militärs glauben.

Das zweite Zitat stammt aus einer sehr interessanten und materialreichen Broschüre, die im Rahmen der Forschungen des französischen Instituts für Konfliktforschung über die Probleme von Krieg und Frieden erschienen ist: „Der Krieg, das gewaltsamste, frappierendste, vielschichtigste aller sozialen Phänomene bleibt die bedeutende ‚Begleit'-Erscheinung der Geschichte, die sie am stärksten geprägt hat ... Er ist der große Kollektivtod, der ‚Große Holocaust des Menschen durch den Menschen', der nicht nur Individuen und Familien aller Schichten trifft, sondern auch die Staaten, Gesellschaften und Zivilisationen in Frage stellt ... Der Krieg ist zugleich Sohn, Mörder und Vater aller Zivilisationen[1]."

Neben dieser Behauptung stehen Betrachtungen über die Lehren aus der Geschichte und „die regelmäßige Wiederkehr, Allgegenwart und Unvermeidlichkeit des schrecklichen Phänomens Krieg", das in der Vergangenheit notwendige Funktionen für die jeweilige Gesellschaft erfüllt haben soll. Was unsere moderne Gesellschaft anbelangt, so erkennen die Autoren jedoch, daß es unabdingbar ist, der „Aggressivität des Menschen weniger blutrünstige und zerstörerische Ventile" zu verschaffen.

Ich bin sehr einverstanden mit der Notwendigkeit, die Aktivitäten der Menschen so weit wie möglich vom Krieg abzulenken. Doch muß man sich von gewissen

---

[1] *Guerres et civilisations,* von Gaston Bouthoul, René Carrère und Jean-Louis Annequin, Paris 1979.

Überlegungen freimachen, die nur in einen unfruchtbaren, künstlichen Teufelskreis führen. Die wichtige Frage lautet nicht: Wie kann man *die angeblich angeborene Aggressivität des Menschen* domestizieren? Denn die dürfte nicht so gewaltig sein, wie man sie hinstellt, und vor allem ist sie nicht sein Hauptfehler. Allzu oft wird sie nur als Alibi herbeizitiert, um schmutzigere Motive und Laster zu vertuschen. Die Gründe für das gegenwärtige Konfliktpotential – seit dem Zweiten Weltkrieg hat es immerhin 128 Konflikte gegeben – liegen anderswo. Aus all meinen bisherigen Darlegungen folgt, daß die Lage der Menschheit heutzutage immer kritischer wird, nicht, weil sie ihrem Aggressionstrieb freien Lauf gelassen hätte, sondern weil sie sich *im Vergleich zu ihrer Macht in einem kulturellen Abgrund* befindet. Auf militärischem Gebiet kann sie apokalyptische Kräfte entfesseln, gleichzeitig aber nur hoffen, daß sie nie zur Anwendung kommen, da sie nicht in der Lage wäre, sie zu beherrschen. Sie hat in der Tat die größtmögliche Fähigkeit zur Selbstzerstörung durch technologisch ultramoderne Waffen erworben, doch denkt sie noch in vortechnologischen Kategorien. In manchen ihrer Vorstellungen ist sie sogar noch dem barbarischen Stammesdenken verhaftet. Angesichts neuer Realitäten befindet sie sich in einem so furchtbaren Zustand geistiger Verwirrung, daß sie Gefahr läuft, ohne es zu merken, von ihrem ungenutzten Waffenpotential erdrückt oder in einem durch Zufall ausgelösten Holocaust, der in keinem Szenario vorgesehen ist, vernichtet zu werden.

Daß wir immer tiefer im Treibsand versinken – ein Bild für unsere Lage, das ich schon früher verwandt habe –, hat also kulturelle und keine biologischen Ursachen. Unser Denken ist beherrscht von *kulturellen*

110

Überbleibsel vergangener Zeiten. Das Prinzip nationaler Souveränität, das auf die Vorstellungen unserer Urväter von einem unantastbaren Territorium, das es zu verteidigen gilt, zurückgehen, ist einer dieser Überreste. Von ihm wird später noch die Rede sein. Der paradoxe, paranoische Glaube, der legitime Anspruch auf Sicherheit könne durch immer mörderischere Waffen erfüllt werden, ist eine andere überholte Vorstellung. Ihre Folge besteht – welch tragische Ironie! – darin, daß die Menschheit, indem sie mit der Luzidität eines Wahnsinnigen eine immer perfektere Vernichtungsmaschinerie produziert, gezwungenermaßen auf das *Gleichgewicht des Schreckens* vertrauen muß, das natürlich nur ein instabiles Gleichgewicht sein kann. Die Geschichte der Evolution, des Lebens wie des Menschen, ist in der Tat eine von lauter Gleichgewichtsstörungen, die einen neuen Zustand des Gleichgewichts zur Folge hatten. Indem sie auf diese Weise nach Sicherheit strebt, wird die Lage der Menschheit jedoch ganz im Gegenteil immer gefährlicher, was wiederum beweist, wie gestört der Geisteszustand der Menschen ist.

Es ist eine offene Frage, wann und wie das Gleichgewicht des Schreckens in unserem Zeitalter der Diskontinuitäten gebrochen wird. Es wäre jedoch ein Wunder, wenn man diesen Fall vermeiden oder seine blutigsten Folgen in Grenzen halten könnte. Doch selbst wenn dieser Fall eintreten sollte, werden die kulturellen Anachronismen, die kriegerischen Verhaltensweisen und die kolossale Verschwendung von Ressourcen, für die die heute lebenden Generationen verantwortlich sind, noch lange wie ein Alp auf der Zukunft der Menschheit lasten.

Die ambivalente Rolle der Wissenschaft

Wenn man den Einfluß von Wissenschaft und Technik auf die Zukunft unserer Gesellschaft beurteilen will, denkt jedermann, man müsse sich speziell um die Technologie kümmern. Doch wenn man sich näher damit beschäftigt, stellt man fest, daß man die Technologie im Zusammenhang mit der Wissenschaft betrachten muß, denn sie ist per definitionem ihre Anwendung auf praktische Zwecke. Diese Gesamtschau ist um so nowendiger, wenn man bedenkt, daß der wissenschaftliche Humus, in dem die Technologie wurzelt, noch ein weites Feld ungenutzter Anwendungsmöglichkeiten enthält. Im übrigen wird die Grundlagenforschung von heute schon morgen zur angewandten Wissenschaft, die der Technologie wiederum eine Palette verschiedenster Möglichkeiten eröffnet. Das Ganze nennt sich die Welt der Wissenschaft oder einfach die *Wissenschaft*.

Da der Erfolg neue Erfolge zeitigt, schwimmt die Wissenschaft auf einer Woge des Erfolgs. Ihre Errungenschaften geben ihr von sich aus neuen Antrieb und spornen sie zu neuen Zyklen von Forschung und Entwicklung (F & E) und praktischer Anwendung an. Unsere marxistischen Freunde nennen dies *die wissenschaftlich-technische Revolution* und schreiben ihr eine führende Rolle bei der Schaffung der neuen Gesellschaft zu. Doch auch Nicht-Marxisten setzen zur Lösung der meisten, wenn nicht gar aller Probleme des Menschen auf den Fortschritt der Wissenschaft. Ich habe das Gefühl, daß diese Wissenschaftsgläubigkeit auf einer Art kollektiver Selbstgefälligkeit beruht, denn schließlich war es die moderne Gesellschaft, die den Mythos Wissenschaft erfunden hat. Und nicht zuletzt sei daran erinnert: wie viele unedle Zwecke sind unter der edlen Flagge der Wissenschaft gesegelt!

Es gibt also gute Gründe für die Untersuchung des Verhältnisses, in dem die Wissenschaft zu unserer Zukunft stehen kann. Bevor ich mich jedoch auf ein so heikles Gebiet begebe, fühle ich mich verpflichtet zu der Feststellung, daß ich das Wissen einiger Wissenschaftler aufrichtig bewundere und vor etlichen anderen sehr viel Respekt habe. Auch bin ich der erste, der anerkennt, daß die Menschheit dank der Wissenschaft phantastische Fortschritte gemacht hat und daß sie sich darauf verlassen kann, daß dies auch in Zukunft der Fall sein wird. Nach dieser Ehrenerklärung glaube ich aber doch, daß gewisse Eigenarten oder Verhaltensweisen in der Welt der Wissenschaft Anlaß geben zu heftiger Kritik und ernsten Vorbehalten. So haben wir gerade gesehen, welche Pionierrolle die Wissenschaftler im Rüstungswettlauf spielen – sie haben daran mehr Anteil als alle anderen gesellschaftlichen Gruppen, mit Ausnahme der Militärs. Es gibt jedoch noch weitere Aspekte, über die es nachzudenken gilt; und die betreffen vor allem *gewisse Ambiguitäten, die für das Unternehmen Wissenschaft kennzeichnend sind.*

Zum einen steht die Wissenschaft, wie sie in unseren Gesellschaften praktiziert wird, wesentlich *im Dienst der Mächtigen.* Um deren Wohlstand, Reichtum, Macht und Ansehen zu vergrößern, wird sie größenteils betrieben und angewandt. Auch dient sie dem verschwenderischen Konsum von extravaganten materiellen und pseudo-kulturellen Gütern durch diese Schichten. Überdies ist sie so teuer geworden, daß die armen Völker sie sich gar nicht leisten können, weshalb sie beinahe ein Privileg der Industrienationen ist.

113

Alexander King zufolge, der sich auf diesem Gebiet wie kein anderer auskennt, spielen sich 90 bis 95 Prozent von F & E in diesen Ländern ab, so daß die Disparität zwischen reichen und armen Ländern auf diesem Gebiet noch größer ist als bei den Einkommen[1].

Mit anderen Worten, die großartige Entwicklung der modernen Wissenschaft verdankt sich nicht der Sorge um die großen, vordringlichen Probleme der Menschheit, sie entspricht vielmehr dem Interesse der entwickelten Länder und dort insbesondere dem Interesse der bereits privilegierten Sektoren, die letztlich am meisten von ihr profitieren. Daß diese Kritik gerechtfertigt ist, beweisen nicht zuletzt die wirren Diskussionen ohne nennenswerte Ergebnisse, die seit mehreren Jahren über den Technologietransfer in die unterentwickelten Länder geführt werden, wobei es auch die Meinung gibt, diese Länder sollten nicht einfach die Technologie der entwickelten Nationen übernehmen, sondern eigene, ihren Bedürfnissen entsprechende Technologien entwickeln. Und auch die Debatte über dem Menschen angepaßte, sanfte Technologien, die alle Welt braucht, sind ein Beleg für diese Kritik.

Zum anderen sind *Diskriminierungen im Bereich der Wissenschaft* unleugbar vorhanden. Die Wissenschaft und die Wissenschaftspolitik sind elitär. Es gibt zwar ein breitgefächertes Angebot an wissenschaftlichen Disziplinen und entsprechenden Technologien, doch wenn es um die Vergabe der Mittel geht, sind immer nur einige wenige auserwählt. Andere Fächer sind kaum anerkannt, und manch eine Disziplin steht ganz im Abseits – sie fristet ihr Dasein von den Brosamen,

---

[1] *The State of the Planet,* The Pergamon International Library of Science, Technology, Engineering and Social Studies, Oxford 1980.

die vom reich gedeckten Tisch der Wissenschaftspolitik abfallen. Unter dem Einfluß der angelsächsischen Tendenz, den Wissenschaftsbegriff auf die Physik, die Chemie und das Engineering einzugrenzen, teilen diese sogenannten exakten Wissenschaften den Löwenanteil der Forschungsbudgets unter sich auf.

Komplementär dazu läßt sich beobachten, daß die Welt der Wissenschaft, die man sich gern als makellose Sphäre vorstellt, *ökonomischen Überlegungen recht aufgeschlossen* ist. Sie haben sogar fast überall Vorrang. Ein Beispiel dafür sind die Wissenschaften vom Leben. Ihr großer Aufschwung in letzter Zeit zielt vor allem auf ihre unmittelbare Anwendung, die ökonomischen Rentabilitätskriterien entspringt. Wobei ich diese Feststellung nicht als Moralist treffe, sondern um zu zeigen, wie der ökonomische Faktor eine ausgewogene wissenschaftliche Entwicklung verhindert. Die Geistes- und Gesellschaftswissenschaften, die keinerlei ökonomischen Gewinn versprechen, werden dadurch nämlich an den Rand gedrängt. Und das obwohl ihre Bedeutung sehr schnell wächst. Die Gesellschaft bedarf nämlich in dem, was man ihre „Weichteile" nennen könnte und wo sich ihre meisten Probleme verschlingen, dringend sozialer und politischer Innovationen, bei deren Suche uns die exakten Wissenschaften nicht helfen können. Dazu muß man schon die Wissenschaften vom Menschen zu Hilfe rufen.

Eine weitere Ambiguität rührt von einer falschen Vorstellung über die wissenschaftliche Methode her. Mit ihr haben wir unsere Vorliebe für die Analyse begründet. Darüber haben wir *das Streben nach der Synthese vernachlässigt,* obwohl doch der Sinn für das Ganze eine Grundvoraussetzung ist. Je mehr wir uns in die Analyse vertiefen, um so mehr haben wir den Eindruck, wissenschaftliche Fortschritte zu machen – doch oft geht uns darüber der Überblick verloren. Früher konnte man noch spöttisch sagen, daß der Mensch eine Information für eine Erkenntnis und letztere für der Weisheit letzten Schluß hält. Doch heute muß man leider feststellen, daß die moderne Wissenschaft uns zur Genüge Teilerkenntnisse oder Stückwerk liefert, uns jedoch bis heute das geistige Band schuldig geblieben ist, das aus dem Wissen erst den Schlüssel zur Weisheit macht. Denn was wir angesichts unserer Wissenschaft und der aus ihr erwachsenden Macht dringend brauchen, ist ein bißchen Weisheit.

Ein weiterer Kritikpunkt betrifft *die Ambivalenz des Unternehmens Wissenschaft.* Es kann nämlich sowohl dazu dienen, die Lage des Menschen in ungeahntem Ausmaß zu verbessern, als auch sie letztendlich zu verschlechtern. Schon in der Vergangenheit war es möglich, jeden Fortschritt der Wissenschaft zum Nutzen der Menschheit zu verwenden oder zu ihrem Schaden. Der Unterschied zu früher liegt aber darin, daß weitaus mehr von der Wissenschaft und ihrer Anwendung zum Guten oder Schlechten abhängt.

Diese Dichotomie, die ein Kennzeichen jeden wissenschaftlichen Fortschritts ist, kann man aber nicht der Wissenschaft selbst anlasten, die als Theorie ohne Makel und mehr oder weniger neutral ist. Der Fehler liegt bei der Gesellschaft, ihren herrschenden Klassen, ihren Führungskräften und Technokraten, ihrem Hang zum Merkantilismus und Militarismus und ihrer Kulturlosigkeit. Zu tadeln ist der Irrtum, die Unverantwortlichkeit, der Egozentrismus, die Habgier, die Ignoranz und andere menschliche Fehler, sie sind schuld an der schlechten Anwendung unseres gigantischen wissenschaftlich-technischen Potentials.

Dennoch sind die Wissenschaftler nicht ganz unschuldig. Ihre Schwäche war es, nicht über die perversen Zwecke nachzudenken, für die ihre Ergebnisse Mittel sein können, und darin sind sie durchaus schuldig. Denn es gibt kein Gesetzbuch der Ethik und keine soziale oder moralische Kontrollinstanz, die ihre Sensibilität oder ihr Verantwortungsgefühl ersetzen könnte. Die Frage stellt sich aber nicht mehr bloß auf der mehr oder weniger theoretischen Ebene der Freiheit der Forschung bzw. der Forscher. Die wissenschaftliche Entwicklung ist heute von so großer Bedeutung, daß sie die Gesellschaft bestimmt und in ihren Grundfesten erschüttern kann. Man muß also die Beziehungen der Gesellschaft zur gesamten Welt der Wissenschaft in Betracht ziehen, denn es handelt sich um eine soziale, juristische und praktische Frage, die über die Rechte oder das Verdienst der Wissenschaftler hinausgeht. Es ist an der Zeit, sich daran zu erinnern, daß die Wissenschaftler eine sehr weit fortgeschrittene, dynamische, zahlenmäßig aber sehr kleine Avantgarde bilden. Wenn man die Assistenten noch mitrechnet, machen die Männer der Wissenschaft höchstens ein paar Millionen aus. Die zurückgebliebene Masse der Bevölkerung zählt hingegen mehrere Milliarden; und diese Masse ist jetzt und in Zukunft *im guten oder im schlechten Sinne* von den Ergebnissen dieser Avantgarde betroffen. Die kleine Minderheit an der Spitze muß sich also ihrer hohen Verantwortung bewußt werden. Es ist ihre Pflicht, die große Mehrheit weder willentlich noch aus Unachtsamkeit Situationen auszusetzen, die noch kritischer sind als ihre heutige Lage.

Offen gestanden haben die Wissenschaftler sich im allgemeinen nicht besonders darum gekümmert, ob und wie ihre wissenschaftlichen Entdeckungen oder ihre technologischen Neuheiten angewandt werden und ob ihre Anwendung engelgleiche oder teuflische Folgen zeitigt. Wo dies der Fall ist, muß die Gesellschaft eingreifen. Sie muß alle Maßnahmen treffen, um die teuflische Verwendung zu verhindern oder in Grenzen zu halten. Dieser Eingriff muß, soweit wie möglich, präventiver Natur sein. Es muß eine von oben erlassene Regelung der wissenschaftlichen Aktivität sein – denn wenn der Geist erst einmal aus der Flasche entkommen ist, kann man ihn nicht mehr zurückbringen.

Dabei liegt es mir fern, die wissenschaftlichen Regungen des neugierigen und schöpferischen Individuums unter Kuratel zu stellen; darin soll es ganz im Gegenteil ermutigt und unterstützt werden. Doch muß die Gesellschaft dort, wo die Wissenschaft durch Zufall, Unbesonnenheit oder Unachtsamkeit oder aus Interesse größere Schäden anrichten kann, in der Lage sein, die Entwicklung rasch mit den rechtzeitig bereitgestellten Mitteln zu bremsen. Dies ist eine Regel, die auch auf andere Fälle angewandt werden sollte – sei es, daß sie sich in der Sphäre der Ökonomie abspielen, die Umwelt schädigen oder politische Institutionen betreffen.

Diese Überlegungen schreibe ich nieder in Gedanken an die Zukunft. Denn die Gesellschaft muß um so wachsamer sein, je mehr die wissenschaftlich-technischen Entwicklungen ganze Sektoren mit neuen Mitteln zu revolutionieren drohen. Die *Mikroelektronik* wird den Menschen von der Bürde der Arbeit im traditionellen Sinn befreien, indem sie sie in einem nie gekannten Ausmaß automatisiert. Diese Revolution soll in ein bis zwei Jahren stattfinden. Die „Chips", die kleiner sind als ein Fingernagel, aber ein ungeheures

Gedächtnis haben und fehlerlos arbeiten, werden den Menschen in Tausenden von Funktionen in der Industrie und im Dienstleistungssektor ersetzen. Jeder Mensch wird ein Vielfaches an Freizeit bekommen. Doch lange Zeit wird weder er selbst noch die Gesellschaft wissen, was er mit ihr anstellen soll. Die *Biotechnologien* werden zur selben Zeit eingeführt werden. Sie werden mittels Drogen, human engineering, Manipulationen des genetischen Materials und künstlicher Fortpflanzung versuchen, die konstitutionellen Mängel des Menschen zu „korrigieren" und ihn mit höherwertigen Fähigkeiten „auszustatten". Die Aufgabe ist jedoch noch komplizierter als die, der sich der Mensch bereits mit der Perfektionierung der Tiere, Pflanzen und Gräser, die er für nützlich hält, gestellt hat.

Diese Zukunftaussichten gelten im allgemeinen als verführerisch und die damit verbundenen Gefahren als aushaltbar. Man denkt gewöhnlich, wenn sie uns Probleme bereiten, dann drängen sie uns auch zu deren Lösung, und dies sei das Wesen des Fortschritts. Sie bereiten uns jedoch schwere Sorgen, sozialer Art im ersten und philosophischer wie moralischer Art, im zweiten Fall. Ich gebe zu, daß ich über diese Entwicklung sehr besorgt bin, ja mich sogar ängstige. Mich packt der Zweifel, ob wir nicht, schlimmer als der Zauberlehrling, zu waghalsigen Verrückten geworden sind. Denn einerseits befinden wir uns nicht *auf der Suche nach dem Guten,* treibt uns nicht der Wunsch, unsere besten Fähigkeiten einzusetzen, um das Gute zu befördern. Stattdessen lockt uns das Abenteuer, *die Attraktion des Machbaren;* und so machen wir alles, was wir können oder glauben, tun zu können – ohne die möglichen Konsequenzen abzuwägen. Andererseits *hegen wir unhaltbare Illusionen.* Wir stellen uns vor, wir könnten eines Tages den modernen „Stein der Weisen" finden, der uns billige Energie verschafft, Weizen für immerdar, ein Superwaschmittel zur Beseitigung der Umweltverschmutzung oder gar einen Jungbrunnen.

Indem wir aber der Versuchung neuer technologischer Wagnisse, so verlockend sie an sich auch immer sein mögen, nicht widerstehen, *geht uns der Sinn des Lebens verloren*. Und dieser Sinn des Lebens, wie ich ihn verstehe, besteht unter anderem in der täglich neuen Anstrengung, der Ethik der Arbeit, dem Schweiß auf der Stirn und den Schwielen an den Händen, dem Stolz, etwas zu schaffen, zu formen, nützlich zu sein und am gesellschaftlichen Leben teilzuhaben; er besteht auch in der Freude darüber, daß unser Geist und unser Körper intakt sind, in zwischenmenschlichen Kontakten und im Verständnis für andere, im Einssein mit dem Natürlichen und dem Transzendentalen, im Respekt vor allem, was existiert. All dies aufs Spiel zu setzen, um sich der Wissenschaft zu verschreiben, darauf zu bauen, daß sie uns ohne viel Mühe Seelenheil und Glück bescheren wird, ist verrückt und waghalsig. Es ist eine Art faustischer Pakt, der zutiefst unmoralisch ist.

Ich beendige nun diesen notwendigerweise recht kurzen Überblick über die Gefahren, die der Menschheit drohen – auch um mich nicht allzusehr zu erregen über unsere Gesellschaft, die, ansonsten so erfindungsreich, dennoch unfähig ist, strenge Regeln für ihren eigenen „Fortschritt" zu erlassen. Sie will nicht verstehen, daß aller Fortschritt *auch* ein wissenschaftlicher sein kann, aber nur unter der Bedingung, daß er *vor allem* ein moralischer, sozialer und politischer Fortschritt ist, ein Fortschritt in den Gewohnheiten und Verhaltensweisen – mit einem Wort, und ich werde nicht müde, es zu betonen, ein kultureller Fortschritt.

Noch zwei Bemerkungen vor dem Ende. Was die Mikroelektronik anbelangt, so wird demnächst ein neuer Bericht an den Club of Rome erscheinen. Er wird sich der Untersuchung der Beziehungen zwischen Mikroelektronik und Gesellschaft widmen. Ich hoffe, daß er gründliche und erhellende Debatten auslösen kann. Schwere Auseinandersetzungen kündigen sich auch auf dem Gebiete der Bio- und Gen-Technologien an. Wichtige Industrieunternehmen beginnen, beträchtliche Summen in diesen Zweig zu investieren in der Überzeugung, eines Tages die Schlüssel für das in der Hand zu haben, was für sie ein Geschäft mit hohen Wachstumsraten ist. Und der Oberste Gerichtshof der Vereinigten Staaten anerkannte kürzlich in einer erstaunlichen Erklärung, daß ein im Labor produzierter, lebendiger „neuer Organismus" patentiert werden kann. Es ist sicher verfrüht, daraus zu schließen, daß jedermann gesetzlich geschützt seine private Bakterien- oder Homunculus-Sammlung haben darf. Dennoch breitet sich in Wissenschaftlerkreisen Unruhe aus. Und bald wird eine Grundsatzdebatte eröffnet werden müssen über die ethischen Prinzipien und den juristischen Rahmen, die es dem Menschen entweder erlauben oder verbieten, künstliches Leben zu schaffen oder das Leben vorhandener Arten substantiell zu verändern.

Zum Schluß noch die Frage: wohin führt uns die Wissenschaft, *diese* Wissenschaft? Wenn wir, die Bürger, weiterhin passiv bleiben, wird sie uns auf ihren gewaltigen Flügeln in das sagenhafte Zeitalter des Plutoniums, der Automation und der genetischen Alchimie entführen – in lauter Zeitalter also, die nur für *Supermänner* gemacht sind. Doch sind wir noch immer einfache menschliche Wesen, die auf ein Leben in solchem Zeitalter kaum vorbereitet sind. Und diese Reise, die nur die Fortsetzung des jetzt schon eingeschlagenen Wegs ist, droht, uns alle in die Katastrophe zu stürzen. Glücklicherweise gibt es aber noch andere Möglichkeiten – wenn wir, die Bürger, rechtzeitig kapieren, daß wir uns für unsere Zukunft engagieren müssen.

Die Fallstricke und Trugbilder der Ökonomie

Ökonomie! Wie viele, sogar ökonomische Dummheiten haben wir in deinem Namen begangen! Um deinen Geheimnissen auf die Spur zu kommen, haben wir unsere besten Talente mobilisiert; um das Auf und Ab deiner Launen zu verfolgen, haben wir dir unsere kostbarste Zeit geopfert. Doch jetzt stellen wir fest, mit welchen Illusionen, du, trügerische Geliebte, uns umgarnt hast, welche Fallen du all deinen Anbetern gestellt hast. Selbst wenn unser Leben nüchterner wäre, um wie viel reicher wäre es, wenn wir uns mit demselben Eifer den geistigen Werten, der Gemeinschaft mit der Natur und dem Verständnis für unsere Mitmenschen gewidmet hätten.

Wir müssen aus unserem Traum erwachen und die harte Realität zur Kenntnis nehmen, daß die „moderne" Ökonomie uns betrogen hat. Sowohl in der Theorie als auch in der Praxis *läuft die Ökonomie dem fundamentalen Interesse der Menschheit zuwider*. Es ist unmöglich, auf ein paar Seiten eine klare, zusammenfassende Darstellung dieses recht komplexen und umstrittenen Widerspruchs zu geben. Ich werde mich also auch hier auf wenige herausragende Aspekte beschränken. Für den Anfang kann man festhalten, daß selbst die Weltbank, die in vielen Angelegenheiten ein strenger Richter und ein Informationszentrum ohnegleichen ist, den Trugbildern der Ökonomie zum Opfer gefallen ist.

Diese große internationale Institution hat im Jahre 1978 begonnen, Weltentwicklungsberichte zu veröffentlichen. Der erste umfaßte die Periode von 1975–1985. Dort liest man, daß ein jährliches Wachstum des Bruttosozialprodukts von 4,2 Prozent in den Industrienationen und von 5,7 Prozent in den weniger entwickelten Ländern unabdingbar ist, damit die Wirtschaft unsere momentanen Erwartungen zufriedenstellen kann; und von diesem Ausgangspunkt aus betrachtet man diese Forderung implizit für realisierbar. Und das, obwohl die Weltwirtschaft bei dieser Geschwindigkeit in 15 bis 16 Jahren ihr Produkt verdoppeln und in 100 Jahren versechzigfachen würde. Trotz der absoluten Priorität, die man der Ökonomie einräumt, sind das Hypothesen, die nicht einmal als Gedankenexperiment taugen.

Offensichtlich hat man in diesem Bericht die Grenzen und Zwänge ignoriert, denen alle menschlichen Aktivitäten unterliegen. Viele Menschen lieben es noch immer, sich auf diese Weise etwas vorzugaukeln. Und es versteht sich von selbst, daß manch eine Regierung davon profitiert und sich in Versprechungen ergeht, von denen sie genau weiß, daß ihre Nachfolger sie nie werden halten können. Zum anderen sind diese Übungen durch und durch scheinheilig. Wir leben in einem Zeitalter, das man zu Recht das der Diskontinuitäten genannt hat. Dennoch geht man lieber von der gegenteiligen Prämisse aus, wenn man Vorhersagen für die Zukunft trifft. Man nimmt an, daß der Lauf der Dinge nie unterbrochen wird; daß die Armen der Welt weiterhin friedlich ihr elendes Los ertragen; daß die Arbeitslosigkeit nichts weiter ist als eine Variable in der ökonomischen Gleichung; daß die Ressourcen und das Kapital da sein werden, wenn die Wirtschaft sie braucht – selbstverständlich auch zu Preisen, die der Markt festsetzt –; und daß die Ökosysteme so lange warten können, bis die Wirtschaft wieder in Gang gekommen ist.

Es stimmt zwar, daß sich diese Einstellungen langsam ändern. Doch leider erst seit der Sturmwind der aufkommenden Krise ihnen ins Gesicht weht. Um bei der anerkannten Institution Weltbank zu bleiben, so kann man sich über die positive Entwicklung nur freuen, die sie durchgemacht hat. In ihrem dritten im Jahre 1980 veröffentlichen Weltentwicklungsbericht sieht sie die ökonomischen Perspektiven schon realistischer und geht nicht mehr von so hohen Wachstumsraten aus, wie in ihrem ersten, obwohl sie die Möglichkeiten für einen Aufschwung der Weltwirtschaft meines Erachtens immer noch zu optimistisch sieht. Sie erkennt aber, daß es der Mehrheit der Länder der Dritten Welt wegen der Inflation, der Ölkrise und der Rezession in den industrialisierten Ländern in den 80er Jahren sehr schlecht gehen und daß sich die absolute Armut in Asien und Afrika wie ein Ölfleck ausbreiten wird.

Die vorgeschlagenen Heilmittel bleiben jedoch traditioneller Art, obwohl sie nicht in der Lage waren, die jetzige Talfahrt zu bremsen. Oder sie bestehen aus rein technischen Maßnahmen, die daher auch nicht ausreichen, um Übel zu kurieren, die im kranken Körper der Gesellschaft gründen. Und wenn man von Strukturreformen spricht, meint man, es genüge, die Rollen der Akteure zu vertauschen, ohne die Spielregeln und den Rahmen, in dem gespielt wird, verändern zu müssen. Schließlich landet man bei frommen Wünschen – die Dritte Welt soll ihre Ressourcen besser nutzen; die Industrienationen sollen ihr Wachstum beschleunigen, die Entwicklungshilfe vergrößern und den Austausch liberalisieren; die Ölländer sollen ihre Petrodollars mit mehr Bedacht recyclen lassen. Es ist jedoch eine betrübliche Illusion zu hoffen, die Weltwirtschaft könne durch eine Mischung aus diesen alten Rezepten aus dem Tief herauskommen. Wenn wir dies erst in ein paar Jahren als Illusion erkennen, wird es zu spät sein.

Man kann auch feststellen, daß einige Wirtschaftswissenschaftler beginnen, in ihren Theorien die Notwendigkeit der Entwicklung des Menschen zu berücksichtigen, und zwar als eines der Elemente des ökonomischen Fortschritts. Sie beziehen sich aber fast ausschließlich auf die Dritte Welt. Als ob es nur das Problem der Entwicklungsländer wäre, das Niveau der Protagonisten zu heben, damit sie von bloßen Darstellern zu verantwortungsvollen Akteuren werden! Außerdem streben sie etwas Ähnliches an wie den Maschinenmenschen – der Mensch soll zur Produktions- und Konsumtionsmaschine werden –, um seine Effizienz zu steigern und die Wirtschaft zu verbessern. Wir werden später noch sehen, wie breit und universell die Entwicklung des Menschen angelegt sein muß. Doch kann man jetzt schon feststellen, daß es furchtbar engstirnig ist, den Menschen hauptsächlich in seiner Funktion für das materielle Wachstum zu betrachten. Zum anderen lebt eine solche Vorstellung noch von den alten Irrtümern, denn eine gesunde Wirtschaft muß nicht unbedingt eine Ökonomie des Überflusses sein und sie braucht sich erst recht nicht mittels künstlicher Bedürfnisse am Leben erhalten.

Man sollte diese Kritik nicht mißverstehen. Selbstverständlich *ist das Wirtschaften eine grundlegende Betätigung des Menschen – die Wirtschaft wird aber schlecht geführt.* Sie ist die Voraussetzung für den Wohlstand des Individuums, die Entfaltung seiner Persönlichkeit, für den sozialen Fortschritt und den kulturellen Reichtum der Gesellschaft. Wenn sie schlecht konzipiert ist oder geführt wird, ist sie die Hauptquelle sozialer Ungerechtigkeiten und macht den Menschen zum Sklaven der Maschine oder zum Ausbeutungsobjekt für andere Menschen. Das Wirtschaften ist die Tätigkeit, die den größten Einfluß auf die Umwelt hat und die auf die eine oder die andere Weise unsere Beziehungen zur Natur prägt. Die Wirtschaft ist es auch, die die meiste Zeit des Menschen in seinen besten Jahren in Anspruch nimmt. Die Bauern der Dritten Welt, die mehr als die Hälfte der Weltbevölkerung ausmachen, verbringen sicher mehr Zeit bei der Arbeit als zur Befriedigung ihrer physiologischen Notwendigkeiten.

Dieser Ausgangspunkt steht also nicht zur Debatte. Was man auf Basis dieser Prämisse kritisch untersuchen muß, ist die Frage, wie wir unsere Wirtschaft konzipiert haben und wie wir sie führen. Ist es nicht absurd, daß eine so wichtige Tätigkeit nach Prinzipien und Methoden verwaltet wird, die aus grauer Vorzeit stammen? Ist es nicht absurd, daß sie vom Wachstumswahn und engstirnigem Ressortdenken bestimmt und partikularen Interessen ausgeliefert ist? Daß diese schlechte Geschäftsführung ohne Gewissensbisse natürliche Ressourcen und menschliches Potential verschwendet? Ist es nicht auch unglaublich, daß die Industriegesellschaft ihre technischen Möglichkeiten nicht zum Wohle der Menschen einzusetzen weiß? Und daß sie zu ihrer Erhaltung astronomische Summen fiktiven Kapitals schöpft – wohl an die tausend Milliarden Dollar –, das aus Staatsanleihen auf den künftigen Reichtum fremder Länder besteht, die eines Tages den Kreditmarkt wie ein Kartenhaus zusammenbrechen lassen können? Oder daß die Wirtschaft der wichtigsten Länder für ihren Aufschwung auf Rüstungsexporte angewiesen ist, ohne die sie schon heute auf dem letzten Loch pfeifen würde?

Ein solcher Zustand läßt sich nur aus der Tatsache erklären, daß man sich noch nicht der erschütternden Dimensionen und des revolutionären Charakters der Phänomene bewußt geworden ist, mit denen wir es in den nächsten Jahren zu tun haben werden. Leider sprechen die Ergebnisse eine allzu deutliche Sprache. Die Welt windet sich in einer tiefgreifenden und vielschichtigen ökonomischen Krise, aus der man bislang keinen Ausweg sieht. Um sie besser zu verstehen, braucht man nur etwas eingehender ein unzweideutiges Symptom zu untersuchen: *das wachsende ökonomische Gefälle zwischen den Industrienationen und der Dritten Welt.*

Man hat sich so sehr an die Tatsache, daß es da einen tiefen Graben gibt, gewöhnt, daß man sie als Routinefrage behandelt, als sei sie ein notwendiger Bestandteil unserer zeitgenössischen Gesellschaft. Man merkt gar nicht, daß dieser Graben sich zu einem Abgrund entwickelt, der das ganze menschliche System gefährden kann. Und das, obwohl die Fakten eindeutig sind. Die Graphik auf S. 128 zeigt mit brutaler Offenheit die uner-

Bruttosozialprodukt pro Kopf nach Ländergruppen 1960–1990

Diese Kurven machen die Divergenz in der wirtschaftlichen Entwicklung augenscheinlich und damit auch, in welch explosiver Lage sich die Welt befindet. Weniger als ein Siebtel der Weltbevölkerung macht ökonomische Fortschritte. Die große Mehrheit kann dieser Minderheit nicht folgen.

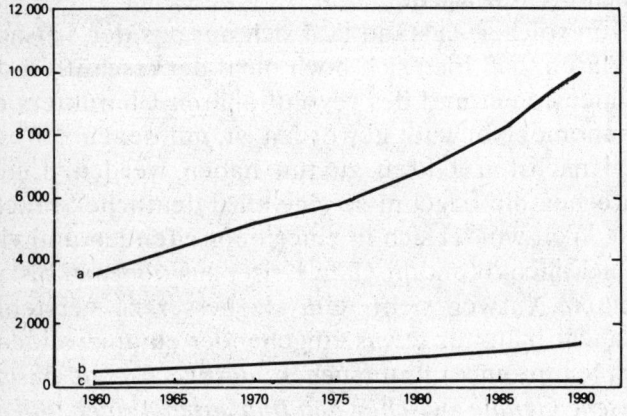

a = Industrienationen
b = Entwicklungsländer mit mittlerem Einkommen
c = Entwicklungsländer mit niedrigem Einkommen
(Die sozialistischen Länder sind in dieser Statistik nicht enthalten.)

Quelle: Weltentwicklungsbericht 1979, Weltbank, Washington, August 1979.

trägliche Situation, die sich am Ende dieses Jahrzehnts abzeichnet. Sie stammt ebenso wie die folgenden Zahlen von der Weltbank[1]. Von 1975 bis 1990 wird das jährliche Pro-Kopf-Einkommen (auf dem Stand des Dollars von 1975) in den Industriestaaten (die zu dieser Zeit 13,6 Prozent der Weltbevölkerung ausmachen) von 5865 auf 9999 Dollar anwachsen. Für die Dritte Welt gibt eine relativ optimistische Vorhersage auf die Zeit von 1980 bis 1990 für die weniger armen Länder (25,2 Prozent der Weltbevölkerung) einen Anstieg von 1275 auf 1719 Dollar (zum Dollarkurs von 1977) und für die ärmsten Länder (31,6 Prozent der Weltbevölkerung) von 168 auf 206 Dollar an. Nach diesen Vorhersagen werden also im Jahre 1990 die Bürger der reichen Länder über *ein 50mal höheres Jahreseinkommen* verfügen als die Bürger der mittellosen Länder. Und wenn man die Abwertung des Dollar zwischen 1975 und 1977 in Rechnung stellt, würde diese Differenz noch weiter wachsen. Ist es nicht unglaublich, daß so viele Menschen in einer so kleinen Welt auf der anderen Seite eines so tiefen Abgrunds in Frieden leben können?

Die Realität ist aber noch schlimmer, als man es aus diesen durchschnittlichen Zahlen ersehen kann. Denn sie lassen die ökonomischen Unterschiede außer acht, die innerhalb der jeweiligen Gebiete bestehen und die manchmal noch größer sind als das Gefälle zwischen den Nationen. Unsere enger gewordene, überbevölkerte und bis an die Zähne bewaffnete Welt ist von ökonomischen Disparitäten zerrissen, die nicht nur mit rationellen Gründen nicht zu rechtfertigen und moralisch unannehmbar sind, sondern fortan auch politisch

---

[1] Aus den Weltentwicklungsberichten der Jahre 1979 und 1980.

unerträglich werden. Sie in der jetzigen Form weiter-
zuführen, ist also gleichbedeutend damit, sie in ein
Pulverfaß zu verwandeln.

In diesem Zusammenhang muß noch ein Wort gesagt werden über *die dramatischen Beschäftigungspro-
bleme.* Die Logik des Wirtschaftsunternehmens verlangt es, an der teueren Arbeitskraft des Menschen zu
sparen und sie durch die billigere Arbeit von Maschinen oder Mikroprozessoren zu ersetzen. Dieser Ersatz
für den Menschen wird immer effizienter und produktiver. Er ist ein Mittel gewesen, um den Arbeiter von
schweren oder ungesunden Arbeiten zu befreien bzw.
um den Wirkungsgrad seiner Tätigkeit zu steigern.
Diese Realität hat aber noch eine andere Seite, denn
die Maschinen sind zugleich das Mittel, um den Arbeiter zum Anhängsel der Maschine bzw. der Elektronik
oder um ihn arbeitslos zu machen. Der Mensch sieht
sich in seinen Funktionen von einem winzigkleinen,
anonymen „Chip" verdrängt. Es ist illusionär zu glauben, daß durch die Automation letztendlich mehr Arbeitsplätze entstehen als durch sie vernichtet werden.
Wenn man die Automation auf die Spitze treibt – und
wenn die Gesellschaft unfähig ist, ihre Vorstellungen
von der Wirtschaft und der Arbeit zu ändern –, dann
wirkt sie ganz im Gegenteil als Ursache struktureller
Arbeitslosigkeit. So entsteht eine schrille Dissonanz
zwischen den Erfordernissen der Wirtschaft und denen
des Allgemeinwohls, und für die sich daraus ergebenden neuen psychologischen, sozialen und politischen
Probleme gibt es bis heute keine Lösung.

Die Gleichungen, die wir lösen müssen, haben sich
nämlich verändert bzw. sind im Wandel begriffen, aber
wir waren bislang nicht in der Lage, unsere Konzeption
der Wirtschaft weiterzuentwickeln. Wie ich bereits

festgestellt habe, sucht man die Krise, während sie immer weitere Bereiche erfaßt, mit unangemessenen Mitteln, Notlösungen und falscher Politik zu überwinden. Besonders negativ wirken sich dabei die Maßnahmen aus, die die gesamte Nachfrage nach Gütern und Dienstleistungen stützen, obwohl man weiß, daß sich die Basis an natürlichen Ressourcen verringert bzw. daß zu ihrer Förderung immer kostspieligere und energieverschwendendere Technologien erforderlich sind. Wir befinden uns noch in der *Falle eines Mythos: des ewigen, exponentiellen Wirtschaftswachstums*. Der Starrsinn, mit dem wir dieses unerreichbare Ziel verfolgen, wird uns noch teuer zu stehen kommen. Seine Konsequenzen sind unvermeidlich. Sie werden in der Verknappung gewisser Rohstoffe und Produkte auf den Märkten bestehen, in ständigen Preissteigerungen, chronischer Inflation und dem Währungschaos, das die Spekulation begünstigt und ernsthafte Unternehmungen benachteiligt.

So kommen *die Inflation* und *die Rezession* noch hinzu zu den *Disparitäten zwischen Arm und Reich* und zur *Entwertung der menschlichen Arbeit.* Diese vier apokalyptischen Reiter der Ökonomie bedrohen die Menschheit, weiden sich an ihrem Chaos und Ungleichgewicht und profitieren von ihren Irrtümern. Wir stehen also an einem Punkt, wo es gilt, *unsere ökonomischen Grundbegriffe von Grund auf neu zu bestimmen* – und zwar vom Reichtum bis zum Produkt, von der Prosperität bis zum Wert. Denn sie stehen nicht mehr im Einklang mit der zeitgenössischen Realität.

Mein Kollege Orio Giarini wollte einen Beitrag leisten zu dieser dringend erforderlichen Neubestimmung unseres ökonomischen Denkens. Dies ist ihm sehr gut gelungen in seinem Bericht an den Club of Rome *Dialogue on Wealth and Welfare*[1]. Dieses äußerst materialreiche und interessante Buch und die ganze neue Welle im ökonomischen Denken werden sicher eine sehr fruchtbare Auseinandersetzung eröffnen. Allerdings kann ich hier nur einige wichtige Punkte streifen. Den Ausgangspunkt bildet die Entdeckung einer ökonomischen Dimension der natürlichen Umwelt. Untrennbar miteinander verbunden werden Ökonomie und Ökologie zu Bestandteilen ein und desselben Ganzen. In einer ökologisch ungesunden Welt kann es weder Wohlbefinden noch Reichtum geben. Die Strategien zur allgemeinen Verbesserung des Wohlbefindens müssen sich an der Grundvoraussetzung jeden Lebens, der Erde, orientieren. Und die Strategie der Reichtumsproduktion darf nicht getrennt von der Erhaltung dieses Erbes vor sich gehen. Der Wert, auf den es ankommt, hängt nicht ab von den Gestehungskosten, sondern vom Gebrauchswert der Güter und Dienstleistungen, wobei der Akzent auf ihrer Lebensdauer liegen soll. Die Aktivitäten, die Reichtum produzieren, dabei aber das natürliche Erbe zerstören, schaffen einen negativen Wert oder sind „Abzug vom Wert". Es gibt keinen ökonomischen Fortschritt ohne vorhergehende oder gleichzeitige Entwicklung der menschlichen Fähigkeiten.

Folglich bedarf es in der Welt der Ökonomie vielleicht noch dringender eines innovativen und revolutionären Entwurfs als in der Welt der Wissenschaft. Denn ohne diese Vision könnte eine weitere Bastion im Reich des modernen Menschen, die er sich mit so viel Einfallsreichtum und so vielen Hoffnungen ge-

---

[1] Vgl. S. 157.

132

schaffen hat, fallen – und einen wichtigen Bestandteil des menschlichen Systems mit in den Abgrund nehmen.

Die gekreuzigte Menschheit

Unsere Generationen haben ihre Umwelt und ihre Lebensweise auf kaum vorstellbare Weise verändert. Doch *hat sich ihre politische und soziale Organisation nicht dementsprechend weiterentwickelt.* Sie ist großenteils veraltet und unangemessen – und stellt einen wesentlichen Faktor für den Niedergang des Menschen dar.

Im Laufe dieses Jahrhunderts hat die Menschheit mehrere erfolglose Versuche unternommen, sich eine neue Ordnung zu geben. Die marxistischen Revolutionen zeugen von einem großen Vorhaben, das nur unvollkommen verwirklicht wurde oder zumindest die in es gesetzten Erwartungen bei weitem nicht erfüllt hat. Auch der Erste Weltkrieg hat keine neue Ordnung geschaffen; der vor 60 Jahren unternommene Versuch, die Staatenwelt mit dem Völkerbund zu ordnen, ist gescheitert. Nach der Weltwirtschaftskrise von 1929 erwies sich der übersteigerte Nationalismus als ein verhängnisvoller Irrtum, der in den blutigsten aller Kriege, den Zweiten Weltkrieg, mündete.

Die Veränderung der Machtstrukturen und der Prozeß der Entkolonialisierung, die sich im Gefolge dieses Weltenbrandes abspielten, erforderten eine tiefgreifende Veränderung der internationalen Organisation. Die Schaffung der Vereinten Nationen stellte eine wichtige Neuerung dar, doch reicht sie heute, kaum dreißig Jahre nach ihrer Gründung, nicht mehr aus. Die heutige weltweite Krise ist vielmehr zum Teil auch die Krise dieses Systems, wie auch die einer Reihe von Konzeptionen, von der amerikanisch-sowjetischen Bipolarität bis zur Aufteilung der Welt in Einflußsphären, welche der Welt eine gewisse Stabilität zu verleihen schienen. Zum anderen schafft es die Welt nicht, multipolar zu werden, was viele Menschen begrüßen würden. Die Länder, die sich „blockfrei" nennen – weil sie weder auf seiten der einen noch der anderen Supermacht stehen –, wollen ein neues Element, eine Art dritter Kraft werden. Doch ist diese Staatengruppe zu heterogen und zerstritten, als daß sie den Kern einer neuen Weltordnung bilden könnte.

Die strukturellen Mängel der modernen Gesellschaft liegen im übrigen schon in ihrem uralten und unzulänglichen Fundament begraben. Die internationale Ordnung, die auf dieser Grundlage errichtet werden konnte, ist in Wirklichkeit nur eine Ansammlung souveräner Nationalstaaten, die durch formelle Regeln miteinander verbunden sind, die sie nicht achten, wenn sie es für nötig halten. Jeder dieser Staaten – ob sozialistischer oder liberaler Prägung, ob mit einer autoritären, demokratischen oder gar theokratischen Regierung – beharrt auf seinem souveränen Recht. Doch *sind die Prinzipien der nationalen Souveränität ein Haupthindernis auf dem Weg zum gemeinschaftlichen Heil der Menschheit.* Schon vor ein paar Jahren rief der englische Historiker Arnold J. Toynbee aus, die Souveränität sei „die Hauptreligion der Menschheit geworden, eine Religion, deren Gott ein Moloch ist, dem Eltern bereitwillig ihre Kinder, sich selbst und alle anderen menschlichen Wesen opfern".

Der Nationalstaat, der auf seinem Territorium souverän schaltet und waltet, verdient noch eine spezielle Bemerkung. Entstanden ist er in Europa als Mittel im Kampf gegen den Feudalismus, seine erste Bestätigung erfuhr er im Westfälischen Frieden, der den Dreißigjährigen Krieg beendete. Europa war damals noch stark bewaldet und besaß noch kaum Kommunikationsmittel; die paar Reisenden gingen zu Fuß, nur wenige Privilegierte konnten sich ein Pferd oder eine der unbequemen Kutschen leisten; und die paar Leute, die lesen konnten, taten dies entweder im Sonnenlicht oder mußten sich mit Öllampen behelfen. Heutzutage ist alles ganz anders – nur der Kult der territorialen Souveränität ist geblieben. Eine erstaunliche Tatsache, und zwar nicht nur, weil dieses Relikt aus längst vergangenen Zeiten noch im Atomzeitalter die funktionelle Einheit des weltweiten politischen Zusammenhangs bildet, sondern auch, weil es sich und seine Schandtaten vermehrt, ohne bei den Betroffenen auf Widerstand zu stoßen.

Vor dem Zweiten Weltkrieg gab es ungefähr 60 souveräne Staaten, von denen einige recht umfangreiche Kolonien besaßen. Heute gibt es an die hundert Staaten mehr; die Vereinten Nationen haben insgesamt 153 Mitglieder. Ihre Grenzen haben sich im Laufe der Jahrhunderte ständig zu ihren Gunsten oder Ungunsten verschoben. Manchmal wurden sie nach den Launen der Machthaber oder den Heiraten zwischen Dynastien festgelegt; manchmal entsprangen sie der Phantasie der Kartographen, die die Einflußsphären der Kolonialmächte abstecken sollten. Dennoch wacht jedes Land – ob groß oder klein, alt oder jung, ob es aus rationellen Gründen eine Nation ist oder nur matte historische, ethnische oder geographische Rechtfertigungsgründe anführen kann – eifersüchtig über sein Privileg der Souveränität und erklärt seine Grenzen für sakrosankt und unantastbar.

Oft sind diese feierlichen Souveränitätserklärungen nur die erhabene oder scheinheilige Verschleierung einer hinderlichen oder schmutzigen Realität, die die Mächtigen der Öffentlichkeit lieber vorenthalten, um hinter den Kulissen weiter ihre Fäden spinnen zu können. Man braucht gar nicht erst den Begriff „beschränkte Souveränität" erwähnen, den die sozialistischen Länder vor nicht allzu langer Zeit praktiziert haben, um festzustellen, daß die Souveränität der kleinen Staaten gegenüber den Supermächten, den starken Nationen und den multinationalen Konzernen praktisch nur einen nominellen Wert hat. Zum anderen entspricht die Feststellung, daß nur sehr wenige, ansonsten liberale, Staaten bereit sind, den ethnischen und kulturellen Minderheiten, die durch geschichtliche Zufälle innerhalb ihrer Grenzen weilen, dasselbe Recht auf Identität und Unabhängigkeit gewähren, das sie für sich selbst in Anspruch nehmen, so ziemlich der Wahrheit.

Die unter dem Deckmantel der Souveränität begangenen Missetaten sind übelster Art. Die Unterdrückung greift um sich, und die Konflikte im Innern der Nationen schwelen, oder sie brechen aus; Minderheiten werden vertrieben, ohne daß die internationale Staatengemeinschaft eingreifen könnte oder wollte – das Tabu der Souveränität versperrt ihr diesen Weg. Der Zeitraum von der amerikanischen Intervention in Vietnam bis zu der der Russen in Afghanistan ist ziemlich kurz. In diesem Abschnitt tobten jedoch in einer stattlichen Anzahl von Ländern interne, manchmal mit mittelalterlicher Grausamkeit geführte Auseinandersetzungen, gerieten viele Staaten aneinander, um ein angebliches Unrecht wiedergutzumachen oder nur auf dem Papier bestehende Rechte zu verteidigen. In Laos, Kambodscha, Malaysia, Indonesien, Indien, Pakistan, Bangladesch, Iran, Irak, Timor, Äthiopien, Somalia, Sudan, Uganda, Rhodesien-Zimbabwe, Mozambique, Angola, Tschad, Nigeria, Westsahara, Libanon, Zypern, Nordirland, Chile, Argentinien, Bolivien und El Salvador war dies der Fall. Und die Liste der Länder wird in den nächsten Jahren sicher nicht kürzer werden.

Der Kult der Souveränität hat einen solch starken Einfluß auf unser Denken, daß wir weder bemerken, wie unzeitgemäß er ist, noch welchem Interesse er in Wirklichkeit dient oder wie teuer er uns zu stehen kommt. Wenn man Abstand nimmt und den Globus insgesamt betrachtet, dann kann man sich besser Klarheit darüber verschaffen, welches Kaleidoskop von Staaten aller Art die Kontinente in kleine Stücke zerteilt und die Ozeane unter sich aufzuteilen gewillt ist. Noch verwunderlicher ist lediglich die Tatsache, daß das auch wirklich alles ist, was den Nutznießern der Souveränität eingefallen ist, um ihre Aufsplitterung der Menschheit zu rechtfertigen und aufrechtzuerhalten.

Der Moloch Militär, der jedes Jahr sechs Prozent des mühselig vom Menschen erarbeiteten Produkts verschlingt, ist dabei nicht die einzige Stütze dieser verrückten Aufteilung. Daneben wuchert ein Netz von diplomatischen Beziehungen, und auch die Geheimdienste und Propagandaapparate wachsen üppig weiter. Obwohl deren Nützlichkeit erst bewiesen sein will in einem Zeitalter, wo durch Radio, Presse und Fernsehen alle Nachrichten jedermann zur Verfügung stehen; wo das Telefon-, Fernschreiber- und Telexnetz und die Fluglinien die ganze Welt umspannen; wo Dutzende von Satelliten die Erde ständig observieren; und wo die Journalisten alle interessanten Angelegenheiten aufdecken können. Dieser diplomatische, geheimdienstliche und propagandistische Überbau mag den Neigungen einer Öffentlichkeit, die Waffengänge, Fanfaren, Paraden, Helmbuschen, geheimnisvolle Hintergründe und Mantel- und Degenromane liebt, so sehr entgegenkommen, daß sie vergißt, wie überflüssig und kostspielig dieser Apparat ist. Warum es ihn gibt, dürfte dennoch kein Geheimnis sein – all *diese Einrichtungen dienen vor allem den Interessen der herrschenden Klassen.*

Wenn die territoriale Souveränität noch immer die grundlegende Voraussetzung unserer Weltordnung ist und ihr Apparat Privilegien ohnegleichen genießt, dann deshalb, weil beides in der Tat für die Machthaber so lebensnotwendig ist wie das Wasser für die Fische. Der souveräne Staat ist ihre Domäne. Sein Pomp, seine Rhetorik und sein Egozentrismus sagen ihnen nicht weniger zu als seine Basis und sein Überbau. Ob im Namen des Vaterlandes und der Tradition oder im Namen anderer Symbole, immer schützt er ihre Position. Er bietet ihnen unzählige Mittel, die Bürger psychologisch und politisch zu beeinflussen, Gehirnwäsche zu treiben oder an den Nationalismus oder gar Chauvinismus zu appellieren. Deshalb ist die öffentliche Meinung aller Länder, der konservativsten wie der progressivsten, einhellig gegen diejenigen eingestellt, die die subversive Wahrheit auszusprechen wagen, daß der orthodoxe Glaube an den souveränen Staat nicht nur gefährlich, sondern in unserer modernen Welt unhaltbar und einfach lächerlich ist.

Der Preis, den die Menschheit dafür gezahlt hat, daß sie an dieser kafkaesken politischen Organisation festgehalten hat, ist unschätzbar hoch. Und diesen Preis zahlt sie nicht nur in den Kriegen und Konflikten aller Art – einschließlich der beiden Weltenbrände in diesem Jahrhundert. Er ist in Friedenszeiten fast ebenso hoch. Denn zu den unmittelbaren Kosten für den Unterhalt des Nationalstaates kommen noch die Subventionen für nicht wettbewerbsfähige Industriezweige, die Kosten des Protektionismus, der ökonomischen und intellektuellen Autarkie sowie der nationalistisch gefärbten und alles andere als weltoffenen Erziehung hinzu. Ein Wettbewerb, in dem alles erlaubt ist, treibt die egozentrischen Staaten zu Lügen, zur Geschichtsfälschung, zur Manipulation der Presse, zur ideologischen Propaganda, zur Berufung auf die „Staatsräson" – hinter der sich meistens Motive verbergen, die das Licht der Öffentlichkeit scheuen müssen. Dadurch wird die internationale Atmosphäre vergiftet. Die Bürger der Welt leben gezwungenermaßen in einem Klima der Heuchelei, der Halbwahrheiten, Tricks und Niederträchtigkeiten, das ihren Charakter verdirbt und sie den Sinn für die Realität verlieren läßt.

Die Menschheit darf es nicht länger ertragen, unter ethisch und politisch so erniedrigenden Bedingungen zu leben, wo sie doch in Zukunft große und entscheidende Prüfungen bestehen muß. Infolge dieser schmachvollen Lage beginnt sich im Inneren der Nationen, die ihre eigene Problematik nicht einsehen wollen, etwas zu regen. Sie werden von *dem schleichenden und heimtückischen Übel der Lähmung des politischen Lebens* erfaßt. Dieses Übel läßt sich graduell verschieden und in verschiedenen Ausprägungen in den unterschiedlichsten Ländern beobachten, z.B. in

Polen, in der Türkei und im Iran. Diese Lähmung bedroht aber auch Italien und andere europäische Nationen sowie eine Vielzahl weniger entwickelter Länder, und sie scheint sich zu einem Dauerzustand auszuwachsen. Ausgehend von den einzelnen Staaten hat die Lähmung des politischen Lebens das Gebiet der internationalen Beziehungen erfaßt. Das Staatensystem erweist sich hier als eine Art Sammelbecken für alle Mängel, Schwächen und Widersprüche seiner Mitglieder.

So tritt die bedeutende Konferenz von Madrid, die im November 1980 unter so mißlichen Umständen eröffnet wurde, nur auf der Stelle. Sie war zur Fortsetzung und Ergänzung der Konferenzen über Sicherheit und Zusammenarbeit in Europa in Helsinki und Belgrad einberufen worden, doch wird sie bestenfalls mit inhaltsleeren und wirkungslosen Vereinbarungen enden. Ein weiteres enttäuschendes Beispiel für die Ineffizienz des heutigen internationalen Systems, das weder in wichtigen noch in Detailfragen zu einer Einigung gelangen kann, liefern die „globalen Verhandlungen", die sich bei den Vereinten Nationen abspielen. Sie sollen oder sollten eine Strategie für das „dritte Jahrzehnt der Entwicklung" entwerfen. Wie man weiß, endeten die Verhandlungen in den ersten beiden Jahrzehnten frustrierend. Der Strategie für die 80er Jahre droht schon von Anbeginn dasselbe Los. Trotz unzähliger vorbereitender Konsultationen und sechsmonatiger intensiver Vorbereitung stehen bis zur Stunde, in der ich diese Zeilen niederschreibe, noch nicht einmal die Verfahrensregelungen und der Zeitplan für die Verhandlungen fest.

Es wird Zeit, daß man erkennt, *die Welt ist strukturell und politisch unregierbar.* Bei der momentanen

Lage der Dinge gibt es keinerlei Möglichkeit, eine „neue Weltwirtschaftsordnung" zu errichten, also erst recht nicht jene „gerechtere und vertretbare" Ordnung, von der man so gerne träumt. So herrscht weiterhin einzig die vom Vorsitzenden Mao angeprangerte „Große Unordnung unter dem Himmel".

Das Hauptproblem, das es zu lösen gilt, besteht darin, daß die Existenz des introvertierten souveränen Staates unvereinbar ist mit einer ordentlichen Verwaltung der Angelegenheiten des Menschen im Weltmaßstab – die zu einer grundlegenden Forderung unserer Epoche geworden ist. Andererseits muß man sich realistischerweise darüber im klaren sein, daß es nichts nützen würde, den Nationalstaat oder die Prinzipien der Souveränität anzugreifen, ohne zu wissen, wodurch man ihn ersetzen kann. Neue globale politische Organisationsmodelle sind zwar an mehreren Orten in Vorbereitung, doch wird es noch ziemlich lange dauern, bis sie zur Reife gediehen sind. Man muß also etappenweise vorgehen. Ich glaube, daß es jetzt vor allem darum geht, die wesentlichen Hindernisse für die Regierbarkeit des existenten internationalen Systems zu beseitigen, um einen gewissen Handlungsspielraum für die geordnete Vorbereitung weiterer Schritte zu bekommen.

Zwei der wichtigsten Ursachen und Wirkungen des globalen politischen Chaos sind der permanente Spannungszustand zwischen Ost und West und das starke Nord-Süd-Gefälle. Die Menschheit ist an dieses Kreuz geheftet. Es wäre schon ein Riesenschritt vorwärts, wenn man einfach nur erkennen würde, daß die Welt, solange dieser Zustand anhält, unregierbar bleiben muß und dadurch zur Katastrophe verdammt wird.

Wie man weiß, sind die Protagonisten der *Ost-*

West-Spannungen im wesentlichen auf der einen Seite die Sowjetunion und die durch den Warschauer Pakt mit ihr verbündeten sozialistischen Staaten Europas und auf der anderen Seite die NATO-Länder unter Führung der USA. Wir können vorderhand von den großen Nationen des Fernen Ostens – China und Japan – absehen, da ihre Hereinnahme an den folgenden Überlegungen nichts ändern würde.

Man muß wissen, daß die Rivalitäten zwischen Ost und West Auseinandersetzungen zwischen souveränen Staaten bzw. den Klassen, die sie vertreten, sind und keine Rivalitäten zwischen den Völkern. Denn letztere sähen es, selbst wenn sie dafür Opfer bringen müßten, nur zu gern, daß diese Spannungen und die mit ihnen verbundenen Gefahren verschwinden und verstehen längst nicht alle Gründe, die ihre Regierungen zur Verteidigung ihrer jeweiligen Haltung und zur Verdammung der Manöver und Intrigen des Gegners vorbringen. Die wichtige Feststellung, die zu treffen ist, lautet jedoch, daß kein wahrer Fortschritt der menschlichen Gesellschaft möglich ist, solange die Ost-West-Konfrontation andauert, d.h. solange eine der Hauptsorgen der Supermächte und ihrer Gefolgsmänner darin besteht, die Schritte der anderen Seite zu blockieren. Wenn es darüber je einen Zweifel gab, dann waren die Ereignisse des Jahres 1980 durchaus angetan, ihn zu beseitigen.

Auch was die Nord-Süd-Beziehungen anbelangt, darf man sich keinen Illusionen hingeben. Der Graben, der die reichen von den armen Ländern der Erde trennt, ist, seit man seine Entwicklung verfolgt, immer tiefer geworden. Und wie wir bereits gesehen haben, wird er noch breiter und tiefer werden und sich dramatisch verschärfen – trotz aller Resolutionen der Vereinten Nationen, trotz aller Anstrengungen, die die weniger entwickelten Länder von sich aus unternehmen, und trotz aller Entwicklungshilfe, die gewisse entwickelte Länder in welcher Form auch immer leisten. Denn dieser Graben ist ein struktureller, seismischer Mangel, der auf *der fundamentalen Nord-Süd-Asymmetrie* beruht, die ebenso jeden wirklichen Fortschritt in der Welt verhindert.

Eine graphische Darstellung dieser Asymmetrie findet sich auf S. 144. Im Norden leben die Riesen; im Süden eine Vielzahl von Nationen mit minderer ökonomischer, technologischer und auch politischer Macht. Die vier technisch-ökonomischen Kolosse im Norden der Erde folgen ihrer Logik, und die ist eine von Riesen, die bereits die kritische Masse und die nötige Stärke haben, um sich eine substantielle und eigenständige Entwicklung zu sichern. Es handelt sich dabei um Nordamerika, die USA und Kanada, um Westeuropa[1], die Sowjetunion mit ihren Partnern[2] und um Japan. Diese Länder unterscheiden sich zwar sehr, doch neigen sie in gewissen Grundsatzfragen dazu, dieselben Interessen und dieselben Verhaltensweisen zu entwickeln. Zu diesen Kolossen kann man noch China hinzuzählen, das die fünfte Großmacht werden will und vielleicht mit der Zeit sogar die erste wird.

Im Süden gibt es hingegen eine Vielzahl verschiedener Länder – ungefähr 120. Obwohl etliche über Unmengen von Menschen verfügen, sind sie alle in ihrer technologischen Kapazität und ihren ökonomischen

---

[1] Im wesentlichen die erweiterte Europäische Gemeinschaft.

[2] Der Rat zur gegenseitigen Wirtschaftshilfe (RGW), bekannter unter dem Namen Comecon. Er besteht aus der Deutschen Demokratischen Republik, Bulgarien, Ungarn, Polen, Rumänien, der Tschechoslowakei und der Sowjetunion.

Das Ungleichgewicht auf der Erde

- Im Norden wenige technisch-ökonomische Riesen.
- Im Süden mehr als hundert in technischer und ökonomischer Hinsicht mittlere und kleine Staaten.

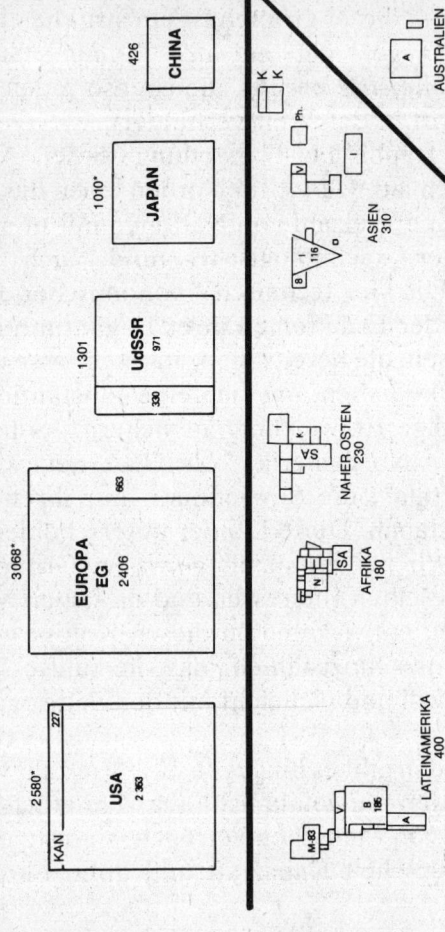

Bruttosozialprodukt in Milliarden Dollar: = 1977 nach Angaben der Weltbank; 1979 nach Angaben der OECD.

Quelle: Maurice Guernier, Club of Rome, Dezember 1980.

144

Dimensionen beschränkt. Vom ökonomischen Standpunkt aus sind Brasilien und Indien die größten. Dennoch ist ihr Bruttosozialprodukt (BSP) nur wenig größer als das Spaniens und merklich kleiner als das Italiens, die beide nur ein Teil von Europa sind. Ohne das Bruttosozialprodukt zu fetischisieren, kann man sich doch manchmal darauf beziehen. In diesem Fall kann es uns eine Vorstellung von dem enormen strukturellen Ungleichgewicht zwischen den entwickelten Ländern und der Dritten Welt vermitteln.

In den nächsten Jahren wird letztere andererseits mit schwerwiegenden Problemen fertigwerden müssen. Mein Kollege Maurice Guernier skizziert sie recht deutlich in seinem kürzlich erschienenen Bericht an den Club of Rome[1]. Zur Bevölkerungsexplosion kommen weitere spezielle Faktoren hinzu – so etwa die in der Regel tropische Umwelt, die die landwirtschaftliche Entwicklung erschwert; der Mangel an genügend auf ihre Tätigkeit vorbereiteten Fach- und Führungskräfte; die sozialen Strukturen, die den Anforderungen des technologischen Fortschritts nicht entsprechen; die ökonomischen Verzerrungen, die selbst die weitsichtigste internationale Hilfe verursacht; und der weltweite Freihandel, der diesen Ländern als Gesetz des Stärkeren gegenübertritt. Die in Entwicklung befindlichen Länder müssen gegen all diese Schwierigkeiten gleichzeitig ankämpfen. Jedenfalls ist es ein Kampf, den sie, mit wenigen Ausnahmen, verlieren müssen.

Um Erfolgschancen zu haben, müßten sich die Länder Afrikas, Lateinamerikas und Asiens nicht nur am Konferenztisch und bei den Abstimmungen in der

---

[1] Vgl. S. 157.

UNO einig sein, sondern auch im praktischen Vorgehen. Ihr größter Feind ist heutzutage der emotionale und kurzsichtige Nationalismus, den sie von Europa geerbt haben und der, auf ihr eigenes Land angewandt, oft einen Mikronationalismus ergibt. Diese nationalistische Geisteshaltung ist der Dritten Welt eine Hilfe gewesen in den Befreiungsbewegungen von kolonialer Unterdrückung und in der Bildung ihrer ersten unabhängigen politischen Strukturen. Doch ist er nunmehr zu einem bedeutenden negativen Faktor geworden. Er ist es zumindest so weit, als er den politischen Zusammenschluß und ein gemeinsames Vorgehen verhindert, das in der Lage wäre, Projekte zu verwirklichen, die die Möglichkeiten kleiner und schwacher Staaten übersteigen. Er verhindert ihre relativ selbständige sozio-ökonomische Entwicklung und ihren gleichberechtigten Dialog mit dem Norden.

Die Idee, die ich am Schluß dieses Abschnitts vorbringen möchte, ist einfach. Der Menschheit stehen schwierige und entscheidende Tage ins Haus, die ihr außerordentliche Anstrengungen abverlangen. Dennoch ist sie dazu nicht in der Lage, wenn sie weiterhin von überholten politischen Vorstellungen und Institutionen gelähmt und auf die Gegensätze und die mangelnde Kommunikation zwischen Ost und West, Nord und Süd festgelegt bleibt. Bevor es zu spät ist, muß unsere Generation einen Weg aus dieser Sackgasse finden und Vorbereitungen treffen, damit die Milliarden Erdenbewohner sich endlich in regierbaren und friedlichen Gemeinschaften organisieren können

Die Ursachen des Verderbens

Die Gründe für den Niedergang, über die wir uns gerade einen Überblick verschafft haben, sind leider so schwerwiegend, daß man sich nicht mehr verhehlen kann, die Menschheit befindet sich auf dem Weg in die Katastrophe. Zwar kann man nicht sagen, wann, wo und wie die Katastrophe anfangen und wie sie weitergehen wird, aber es ist schon klar, daß es zu ihrer Vermeidung nicht genügt, hie und da etwas an einigen dieser Faktoren zu ändern.

Die menschliche Gesellschaft muß vielmehr einen Kurswechsel vornehmen. Davon wird in den nächsten Abschnitten die Rede sein. Um zu verstehen, wie er ins Werk gesetzt werden soll, müssen wir jedoch *unsere Analyse des menschlichen Faktors vertiefen,* also auf den Menschen zurückkommen, der mehr denn je der Protagonist seines Abenteuers ist. Wir haben gesehen, daß er die Erde übervölkert hat und daß dieses lawinenartige Bevölkerungswachstum der große Multiplikator aller anderen negativen Faktoren ist. Trotzdem haben es die Führungsschichten in der ganzen Welt bislang vorgezogen, das Problem des wachsenden Bevölkerungsstaus und seine schrecklichen Folgen zu ignorieren. Ein Zeugnis dieser Ignoranz kann man in den Erklärungen der Mehrheit der Teilnehmer, an der Weltbevölkerungskonferenz von Bukarest im Jahre 1974 sehen. Erst in den letzten Jahren hat man begonnen, offen, wenngleich nicht ohne Zögern und Zurückhaltung, darüber zu reden. Außerdem sorgen sich die Regierungen und die Experten, jedes Mal, wenn sie sich dem Bevölkerungsproblem zuwenden, fast ausschließlich um *die Bevölkerung in quantitativer Hinsicht,* was zwar ein wichtiger, aber nicht der einzige Aspekt des Problems ist.

Die Individuen betrachtet man dabei im wesentlichen als biologische Organismen, ökonomische Einheiten oder noch spezieller als Konsumenten. Die Aufmerksamkeit richtet sich auf ihre materiellen Bedürfnisse, die man befriedigen soll, bzw. auf den Verlust von Wählerstimmen und die Gefahr eines Aufstands, den eine mangelnde Befriedigung der Nachfrage hervorrufen könnte. Die anderen wesentlichen Bedürfnisse des Menschen, die kultureller und geistiger Natur sind, sowie seine sozialen Erwartungen und Ansprüche, die weder Erschütterungen hervorzurufen noch die Ordnung zu stören vermögen, scheinen dabei einer sekundären Sphäre anzugehören. Allgemein gesprochen wird der Mensch als Problemfall betrachtet und nicht auch als Quelle zur Lösung seiner Probleme. In Wirklichkeit erscheint die *Bevölkerung* nur dann *unter ihrem qualitativen Aspekt,* wenn man von Erziehung und Berufsausbildung spricht – wobei man beide häufig nur unter sehr beschränkten Zielsetzungen betrachtet.

Die gegenwärtige Gesellschaft ist in der Tat so sehr auf materielle Probleme und Zielsetzungen fixiert, daß es ihr vordringlicher Zweck zu sein scheint, den Leuten beizubringen, wie man etwas machen kann. Erziehung und Ausbildung sind auf dieses Ziel hin ausgerichtet. Die Gesellschaft hält sich kaum damit auf, den Leuten beizubringen, wie sie verantwortlich und in Einklang mit den heutigen Realitäten leben können, und infolgedessen auch nicht mit der Möglichkeit, ihre Persönlichkeit und ihr ungenutztes Potential zu entfalten, um diesem vordringlichen Erfordernis zu entsprechen. Mit anderen Worten, man betrachtet das Bevölkerungsproblem und die Bevölkerungspolitik ohne den Schlüsselfaktor, den die *Qualität der Bürger* darstellt, ihre Fähigkeit, der außergewöhnlichen Herausforderung zu begegnen und die gleichermaßen außerordentlichen Möglichkeiten zu nutzen, die unser Zeitalter bietet.

Aber es sind die guten oder schlechten Eigenschaften der Protagonisten, die in den Abenteuern des Menschen den Ausschlag geben, ob er die Probleme einer Stadt, einer Nation, einer Region oder der ganzen Welt zu meistern hat. Sie waren es, die die Größe Griechenlands und Roms Ruhm und Niedergang begründet haben; sie erscheinen in den wunderbaren wissenschaftlichen Entdeckungen und sozialen Einrichtungen des Islam wie in seinem Untergang; in der Eroberung Amerikas durch die Spanier; in der Errichtung des britischen Weltreichs und im Verlust seiner Kolonien. Auch Japan ist nur durch die Japaner das geworden, was es heute ist; und es sind die Eigenschaften der Bürger anderer Nationen, die diese in die Krise treiben. Auch kommt es sehr wohl auf die Bürger an, ob eine Stadt angenehm und im Wohlstand lebt oder ob sie im Schmutz versinkt und verfällt; und auf die Familienmitglieder, ob eine Familie glücklich lebt oder ob sie zugrundegeht. Schließlich werden die Eigenschaften der Erdbewohner darüber entscheiden, ob sie in Frieden leben können, ohne sich umzubringen, wenn sie zu fünf oder sechs Milliarden auf der Erde leben werden.

Natürlich unterschieden sich die Eigenschaften, die nötig waren, um sich und andere zu besiegen, um eine Zivilisation zu begründen oder um die Probleme vergangener Jahrhunderte zu lösen, ziemlich von denen, die heutzutage erforderlich sind. Und selbst heutzutage kann sich in den verschiedenen kulturellen, sozialen und politischen Milieus der Völker, die das Mosaik Welt bilden, die erforderliche menschliche Qualität, obwohl sie eine gemeinsame Basis hat oder haben sollte, von einem Milieu zum anderen in sehr vielen verschiedenen Varianten äußern.

Wirklich „Mensch" sein, war schon immer gleichbedeutend mit dem Erwerb besonderer Qualifikationen. Anfangs war dies jedoch nur *eine Art Handwerk,* das auf bestimmten Institutionen und Fähigkeiten beruhte, die das Individuum nach und nach im Laufe des Fortschritts der Gesellschaften entwickelte. Später ist es *ein mehr oder weniger komplizierter Beruf* geworden, der mehr Geschick und Erfahrung verlangte, die die Leute sich recht und schlecht aneigneten, um die Probleme zu lösen und die Chancen zu ergreifen, die es in den verschiedenen Epochen für sie gab. Heutzutage übt der Mensch *einen hochkomplizierten Beruf* aus, den er nicht ohne eingehende Vorbildung und hochgradige Fähigkeiten ausüben kann. Dieses Bildungsniveau haben weder wir erreicht, gleichgültig welchen Beruf wir ausüben, noch die Mehrzahl unserer Zeitgenossen. Die Menschheit ist bloßer Durchschnitt im Vergleich zu den Qualifikationen, die sie bräuchte, um ihre Funktionen in diesem neuen Zeitalter auszuüben. Deshalb steckt sie in fast unlösbaren Dilemmata.

Eigentlich hat der moderne Mensch einen Großteil seiner Talente bereits zur Entfaltung und Perfektionierung bestimmter Eigenschaften und Fähigkeiten verwandt. Darüber hat er aber andere vernachlässigt. Mit dem Ergebnis, daß zwar *zwei Kulturen in unserer Brust koexistieren,* aber nur eine uns ganz in Anspruch nimmt. Daher sind wir unausgeglichen, verwirrt; wir handeln unzusammenhängend, schizophren. Ein wahrer Abgrund tut sich auf zwischen der Macht und dem ungeheuren Ausmaß unserer wissenschaftlichen Erkenntnisse, unserem Geschick und unseren technischen Mitteln, unseren Maschinen und anderen supermodernen Einrichtungen, unseren Produktions- und Kommunikationssystemen auf der einen Seite und unseren überholten Vorstellungen von Sicherheit, Souveränität, Wachstum und sogar von unserer Zukunft, unseren überalterten Institutionen, unseren altväterlichen Totems und Tabus, unseren Zeremonien und Riten, die weder Frieden noch Gerechtigkeit, Entwicklung oder Demokratie garantieren können, auf der anderen Seite.

Wir haben der Natur das Geheimnis der Atomspaltung abgerungen, verwenden es aber hauptsächlich, um am laufenden Band Bomben zu bauen. Wir sind in der Lage, ziemlich viele Krankheiten zu bekämpfen und dadurch unsere durchschnittliche Lebenszeit zu verdoppeln, doch haben wir noch nicht gelernt, unsere Geburten dementsprechend zu regeln. Wir produzieren alle möglichen Güter in nie dagewesenem Umfang, dennoch schaffen wir Engpässe in den Regionen, die im Wohlstand ersticken, während anderswo noch die biblischen Plagen Hunger und Elend herrschen. Nachdem wir uns die Erde untertan gemacht haben, sind wir zur Eroberung des Kosmos aufgebrochen, doch wissen wir nicht, wie wir die Probleme auf unserem Planeten lösen sollen.

Dieses Ungleichgewicht und diese Widersprüche sind tief in uns verankert. Ohne es zu wissen, verschärfen wir sie tagtäglich und schaffen damit die Ursachen unseres Verderbens. Der *homo sapiens* ist nicht mehr, was er wirklich oder in unseren Vorstellungen war. Die Allegorie auf S. 152 versucht, dies zu veranschaulichen.

Die Rückbildung des ehemaligen homo sapiens

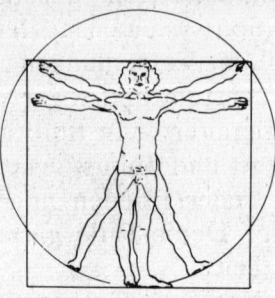

Harmonisch, inmitten eines Kreises und eines Rechtecks, wie ihn Leonardo da Vinci nach römischen Vorbildern sah.

Verzerrt, wie ihn ein Computer gezeichnet hat, um ihn in einen eigenwilligen Rahmen einzupassen. Die vom Menschen geschaffene Realität ist wahrscheinlich noch eigenwilliger als diese Zeichnung.

Quelle: Roberto Guiducci, *La società impazzita*, Rizzoli, Mailand 1980.

Die Vision eines wohlproportionierten Wesens, das in den Rahmen seiner natürlichen Umwelt paßt, die uns von Leonardo da Vinci überliefert ist, steht hier neben dem deformierten modernen Menschen, der in einer von ihm verzerrten Umwelt lebt. Und diese Verzerrungen dauern an. Je stärker und hochmütiger wir werden, um so wahrscheinlicher und tiefer wird unser Fall.

Wenn der Ursprung unserer gefährlichen Lage also in uns selbst liegt, dann liegt es ebenso an uns, unser inneres Gleichgewicht und dadurch ein harmonisches Zusammenleben in unserem Winkel des Universums wiederherzustellen. Dann liegt es an uns, unsere Gedanken und Taten so zu lenken, daß wir die Früchte unserer Arbeit vernünftig genießen können und nicht von ihnen erdrückt werden.

Ja, das Problem steckt in uns selbst und nicht in äußeren Umständen. Also müssen wir auch bei uns nach der Lösung und nach dem Weg unseres irdischen Heils suchen.

ZWEITER TEIL

Die engen Pfade der Wiedergeburt

Das entscheidende Jahrzehnt

Der Club of Rome eröffnet die Debatte

Ein Verdienst muß man dem Club of Rome lassen: schon bei seiner Gründung im Jahre 1968 hat er die Richtung klar erkannt, die die Menschheit einschlagen muß, um aus der mißlichen Lage herauszukommen, in die sie auf dem höchsten Stand ihres Wissens und ihrer Macht geraten ist. Seine erste Botschaft an die Öffentlichkeit war der bereits erwähnte und im Jahre 1972 veröffentlichte Bericht über die Grenzen des Wachstums. Mit jedermann verfügbaren Daten und mit einfachen Überlegungen startete der Bericht einen heftigen Angriff auf die Selbstgefälligkeit der Industriegesellschaft. Er machte darauf aufmerksam, daß das exponentielle Wirtschaftswachstum um jeden Preis kein Selbstzweck sein kann. Denn es führt die Gesellschaft zwangsläufig in eine Sackgasse, da es die Grenzen und Beschränkungen mißachtet, die es sowohl in den natürlichen als auch in den menschlichen Systemen gibt. Der Bericht war eine mutige Stellungnahme, die sich gegen den Mythos Wachstum und die Konsumgesellschaft aussprach. Daher hielt man ihn für ketzerisch und skandalös, er provozierte eine Welle von Kritiken und Protesten. Doch er war eine notwendige und heilsame Warnung.

Heute wagt niemand mehr, das ausufernde Wachstum der 60er Jahre zu verteidigen. Als Beleg genüge hier ein Zitat von Valéry Giscard d'Estaing, der im Jahre 1979 ausrief: „Ich habe schon immer das Gefühl gehabt, daß die Konsumgesellschaft weder Frankreich noch den Franzosen angemessen ist. Sie hat einen Teil unserer Küsten, unserer Berge, unserer Städte verwüstet und unsere Lebensweise und unsere Kultur gestört; sie hat unermeßlichen Schaden angerichtet. Ich meine, die nüchterne Gesellschaft, auf die wir zusteuern, paßt im Grunde genommen besser zu Frankreich ..."[1].

Die vom Club of Rome in Gang gesetzte Debatte über dieses Thema wie über die weltweite Problematik und weitere Fragen, die mit den großen Alternativen der Menschheit zu tun haben, breitete sich wie ein Lauffeuer aus. Sie setzte sich fort in Tausenden von Diskussionen, die ich hier aus Zeitgründen nicht nennen kann. Stellvertretend seien hier die vielen Berichte an den Club of Rome angeführt. Der interessierte Leser kann sich auf S. 157 über alle bislang erschienenen Publikationen informieren. Sie alle sind den Zwecken des Club of Rome verpflichtet, der den Niedergang der Menschheit aufhalten und ihrem Schicksal eine neue Wendung geben will.

Auch die Überlegungen der vorhergehenden Abschnitte liegen auf dieser Linie. Sie machen auf einiges aufmerksam, wobei einer der wichtigsten Punkte der ist, daß unseren Generationen *das Gefühl für die Ganzheit* abhanden gekommen ist. Dieser Verlust stellt in jeder Hinsicht einen schweren Rückfall dar und ist um so schlimmer, als er sich genau in dem Moment einstellt, wo eine Menge neuer Systeme das große, weltweite Metasystem erweitern und noch komplexer machen, das der Menschheit, ob sie will oder nicht, eine substantielle Einheit verleiht. Der Sinn für

---

[1] Paris Match, September 1979.

Berichte an den CLUB OF ROME

Dennis L. Meadows et al.: *The Limits to Growth,* Universe Books, New York 1972; deutsch: *Die Grenzen des Wachstums,* DVA, Stuttgart 1972.

Mihajlo Mesarovic und Eduard Pestel: *Mankind at the Turning Point,* Dutton, New York 1974; deutsch: *Menschheit am Wendepunkt,* DVA, Stuttgart 1974.

Jan Tinbergen (Hrsg.): *RIO-Reshaping the International Order,* Dutton, New York 1976; deutsch: *Wir haben nur eine Zukunft – Reform der internationalen Ordnung (RIO),* Westdeutscher Verlag, Opladen.

Dennis Gabor et al.: *Beyond the Age of Waste,* Pergamon Press, Oxford 1978; deutsch: *Das Ende der Verschwendung,* DVA, Stuttgart 1976.

Ervin Laszlo et al.: *Goals for Mankind,* Dutton, New York 1977.

Thierry de Montbrial: *Energie – le compte à rebours,* J.-C. Lattès, Paris 1978.

J. Botkin, M. Malitza, M. Elmandjra: *No Limits to Learning – Bridging the Human Gap,* Pergamon Press, Oxford 1979; deutsch: *Das Menschliche Dilemma – Zukunft und Lernen,* Molden, Wien-München 1979.

Maurice Guernier: *Tiers-Monde – Trois Quarts du Monde,* Dunod, Paris 1980; deutsch: *Die dritte Welt: drei Viertel der Welt,* Piper, München 1981.

Orio Giarini: *Dialogue on Wealth and Welfare,* Pergamon Press, Oxford 1980.

Bohdan Hawrylyshyn: *Road Maps to the Future,* Pergamon Press, Oxford 1980.

die Totalität und die universellen Harmonien, der dem philosophischen Denken eigen ist und nach dem die Wissenschaft strebend sich bemüht, ist also zu einer unabdingbaren Voraussetzung der intendierten politischen Aktion geworden. Man muß ihn der heutigen Gesellschaft zurückgeben.

Mit anderen Worten, es muß klar sein, daß man sich in wichtigen Fragen – wie zum Beispiel der Frage nach den wirklichen Alternativen in der Entwicklung Europas oder den möglichen Lösungen des israelisch-arabischen Konflikts oder der bestmöglichen Ausbildung unserer Jugend – nur dann orientieren kann, wenn man sie in den dynamischen Kontext der soziopolitischen Entwicklung der Welt stellt. Und daß man, um die biblische Plage des Hungers oder die neuesten Erscheinungsweisen der Gewalt in Kenntnis ihrer Ursachen bekämpfen zu können, ihre Wurzeln in den chaotischen Verhältnissen und im schlechten Funktionieren der gegenwärtigen Gesellschaft aufsuchen muß, daß man sie als Teil einer umfassenderen Problematik betrachten muß und ihre Lösung als einen Aspekt in der Verbesserung der allgemeinen Lage. Um so mehr muß man das komplexe Phänomen der mißlichen Lage auf die conditio humana beziehen, um seine wahre Bedeutung und die mögliche Entwicklung der Zukunft des Menschen zu erfassen.

Wenn man diesen Standpunkt einnimmt, wird klar, daß es ein unentschuldbarer Fehler ist, den Menschen – den Ursprung all unserer Probleme und die Grundlage all unserer Hoffnungen – so zu behandeln, daß man sich auf seine unmittelbaren oder materiellen Bedürfnisse oder auf einige Aspekte seines politischen und sozialen Lebens beschränkt. Papst Johannes Paul II. hat dies mehrfach mit seiner ganzen Autorität unterstrichen. Es genügt, sich seine Rede vor der UNESCO im Juni 1980 ins Gedächtnis zu rufen, wo er sagte, es gebe „eine fundamentale Dimension, welche die Systeme, die die Menschheit strukturieren, in ihren Grundlagen erschüttern und die individuelle wie kollektive Existenz des Menschen von den auf ihr lastenden Bedrohungen befreien kann. Diese fundamentale Dimension ist der Mensch, der Mensch in seiner Ganzheit, der zugleich in der Welt der materiellen Werte wie in jener der geistigen Werte lebt." Wenn wir den Menschen in der Fülle seiner Persönlichkeit mit all seinen Bedürfnissen und Ansprüchen betrachten, sehen wir uns andererseits zu der Frage verpflichtet, ob und inwieweit er fähig ist, sie zu befriedigen und sich zugleich selbst zu verwirklichen, und ob die Menschheit nicht zu zahlreich geworden ist, um all ihren Söhnen die Möglichkeiten zur Entfaltung ihrer Fähigkeiten zu geben. Nach allem, was wir gesagt haben, wird der Leser bei der Beantwortung dieser Fragen keine Schwierigkeiten mehr haben.

Der Club of Rome begriff, daß wir wieder Sinn für die Totalität entwickeln müssen, wenn wir zu einer verläßlichen Diagnose der Übel, die die Menschheit bedrohen, gelangen und eine wirksame Therapie entwickeln wollen. Ihm ist es zum Teil zu verdanken, daß es in der letzten Zeit Fortschritte in diese Richtung gegeben hat. Man versteht einige Problembündel nun besser. Man beginnt, die Ökonomie mit der Ökologie zu verknüpfen, die Sicherheits- mit den sozialen Problemen, die Energiekrise mit politischen Fehlern der Vergangenheit in Zusammenhang zu bringen und ein Ereignis in der einen Ecke des Globus mit dem, was sich auf der anderen Seite abspielt.

Der Club of Rome begriff auch, daß unsere Generationen, denen ihre technisch-wissenschaftlichen Erfolge zu Kopf gestiegen sind, wieder *ein Gefühl für die Verantwortung des Menschen* entwickeln müssen, was ich bereits erwähnt habe. Dazu ist ein kleiner Exkurs vonnöten.

In Wahrnehmung dieser Verantwortung haben sich seit einiger Zeit mündige Bürger spontan zu kleinen und kleinsten Gruppen zusammengetan. Da und dort sind diese Gruppen entstanden, um auf neue Anforderungen zu reagieren oder um das zu verändern, was in der Gesellschaft schlecht läuft. Heute gibt es Tausende von ihnen, weit verstreut an den verschiedensten Fronten und mit den unterschiedlichsten Zielen. Es handelt sich um die Friedensbewegung, die Frauenbewegung, die Bewegung für die Geburtenbeschränkung, die nationalen Befreiungsbewegungen, die Kämpfer für Minderheiten, die Menschenrechte und die bürgerlichen Freiheiten, die Apostel einer Technologie mit menschlichem Antlitz oder der Humanisierung der Arbeit, die Sozialarbeiter und die Aktivisten für eine soziale Veränderung, den Verbraucherschutz, die gewaltlosen Protestler, die Wehrdienstverweigerer und viele andere mehr. Diese Gruppierungen sind im allgemeinen klein, wenn nötig, können sie jedoch eine Vielzahl von jungen und alten Männern und Frauen mobilisieren, die sich von einer zutiefst ethischen Vorstellung vom Allgemeinwohl leiten lassen und von moralischen Werten, die in ihren Augen mehr bedeuten als alle anderen Verpflichtungen.

Es ist eine Art Bürgerwehr aus Aktiven und Reservisten, die eine ähnliche Funktion erfüllt wie die Anti-Körper, die sich bilden, um in einem kranken oder von pathogenen äußeren Faktoren bedrohten biologischen Organismus wieder normale Bedingun-

160

gen herzustellen. Die Existenz so vieler spontaner Gruppen und Grüppchen zeugt von der Vitalität, die unseren Gesellschaften, trotz der Krise, die sie durchlaufen, eigen ist. Man müßte eines Tages Mittel und Wege finden, um die verstreuten Bemühungen all dieser Gruppen auf strategisch wichtige Ziele hin zu orientieren.

Nach diesem kleinen Exkurs erscheint es angebracht, einen anderen Parameter zu erwähnen, an den der Club of Rome zu appellieren sucht. Es handelt sich um *das Gattungsbewußtsein*. Dieser entscheidende Instinkt, der die Triebkraft allen Lebens ist, hat sich bei uns ein wenig abgeschwächt, denn wir leben von Geburt an wohlbehütet in einer künstlichen Umwelt. Er hat auch unter der doppelten Konkurrenz zweier ziemlich abstrakter Produkte unserer „Zivilisation" gelitten, unter dem „Nationalbewußtsein" und dem „Klassenbewußtsein". Wobei ersteres noch gesteigert wurde durch den Mythos der Souveränität, von dem wir schon gesprochen haben. Das Klassenbewußtsein ist in den industrialisierten Nationen entstanden aufgrund der Kämpfe der unterdrückten Klassen, die eine besonders ungerechte Gesellschaft zu ihren Gunsten verändern wollten. Vor kurzem ist es im Ideal einer neuen und gerechteren Weltwirtschaftsordnung in einer neuen, auf den Schauplatz Welt übertragenen Form wieder auferstanden. Aus diesem neuen Klassenbewußtsein speist sich der Kampf des von Arnold J. Toynbee so genannten „externen Proletariats" gegen die Ausbeutung, zu der es von den reichen Ländern gezwungen wird.

Doch haben neue Entwicklungen neuerdings unser Gattungsbewußtsein wiedererweckt. Einerseits sind die Leute besorgt über das Wiederaufleben des altmodischen Nationalismus, einer Verfallserscheinung des Nationalbewußtseins, die gerade ernsthafte internationale Spannungen verursacht. Auf der anderen Seite erweisen sich die Klassenkämpfe als immer kostspieliger und unfruchtbarer. Selbst die Verdammten dieser Erde entdecken, daß es neben sozialen und ökonomischen Ungerechtigkeiten, deren Opfer sie sind, eine womöglich noch schlimmere Katastrophe gibt, die die ganze Welt bedroht und der sie als erste zum Opfer fallen würden. Die Entdeckung einer gemeinsamen Bedrohung und einer gewissen Interessengemeinschaft führt schließlich zur Betonung der Vorteile einer alle politischen und sozialen Schranken überwindenden Solidarität und befördert das Wiederaufleben des Gattungsbewußtseins in dem Moment, in dem die ganze Menschheit den für ihre Zukunft entscheidenden Herausforderungen begegnen muß.

Damit sind die Grundlagen für weitere Schritte in die richtige Richtung gegeben. Der Club of Rome bereitet sich jedoch auf eine Ausweitung der Debatte vor. Unter strikter Wahrung seiner universalistischen Tendenzen will er besonderen Wert legen auf *die Probleme und Perspektiven in der Entwicklung des Menschen.* Dies wird sein packendstes und wichtigstes Unternehmen sein. Während die objektiven Indikatoren eine progressive Verschlechterung der Lage an allen Fronten anzeigen, scheint sich das menschliche Element zu erholen. Nach einer Phase materialistischen Überschwangs und einer Phase fatalistischer Verwirrung scheinen sich die Leute dessen bewußt zu werden, daß es auf die Förderung des Menschen – eines jeden Volkes wie eines jeden Individuums – ankommt. Dies ist ein Ausgangspunkt, der die Chance einer positiven Entwicklung eröffnet. Das langsame, aber sichere

Entdecken der beunruhigenden Realität, die uns in ihr Kielwasser treibt, und die Ablehnung des damit verbundenen Unglücks lassen uns reagieren und unsere Hoffnungen auf das richten, was wir selbst, wir alle gemeinsam tun können.

In großer Sorge, schlecht vorbereitet, aber im Bewußtsein der Notwendigkeit, ihre Positionen zu überprüfen, steht die Menschheit also an der Schwelle zu den 80er Jahren. Alles wird davon abhängen, ob sie die Zeichen der Zeit erkennt und ihre vielfältigen Fähigkeiten dementsprechend zu nutzen weiß.

Die letzte Chance für die Menschheit?

Bis hierher wissen wir gut Bescheid. Wir wissen, daß wir die Zukunft, selbst wenn sie sich nicht vorhersagen läßt, in großen Zügen und innerhalb gewisser Grenzen entwerfen, formen und machen können, und daß dies ein lebensnotwendiger Entwurf ist, der um so schwerer zu realisieren ist, als er das gemeinsame Werk von Milliarden Menschen sein soll. Wir wissen auch, daß die Zukunft dunkel und stürmisch sein kann, wenn sie nur die Fortsetzung der gegenwärtigen Tendenzen ist, und daß wir deshalb vor allem die verfahrene Lage wieder in Ordnung bringen und den herrschenden Tendenzen Einhalt gebieten müssen.

Der dringend notwendige Entwurf resultiert folglich aus der Beantwortung der Frage: wie erreicht man, daß aus der Gesamtheit der Aktivitäten der Leute von heute günstige Bedingungen für morgen entstehen? Dabei wissen wir auch, daß diese Evolution eine kulturelle Leistung sein muß. Bei den anderen Arten hat ihre genetische Entwicklung die Funktion, sie *a posteriori* biologisch an die Mutationen in ihrer Umwelt anzupassen; und die Überlebenden sind der Beweis dafür, daß sie die Prüfung bestanden haben. Unsere kulturelle Evolution muß jedoch eine *antizipatorische* sein, damit wir die hektischen Veränderungen überleben, die wir selbst ständig in Gang setzen.

Wir haben uns viele Fragen gestellt; und viele dieser Fragen sind offen geblieben, denn sie dienen hauptsächlich dazu, uns zum Nachdenken anzuregen. Dennoch ist der Zeitpunkt gekommen, wo wir uns abschließend fragen müssen: *wer soll wann was tun, um die Zukunft vorzubereiten?*

Bei der Antwort auf die Frage, *wer soll handeln,* kann es keinen Zweifel geben. Um effektiv zu sein, muß die kulturelle Evolution verallgemeinert werden. Doch sind die Leute nicht alle gleich einflußbereit; und von daher ist auch ihr Einfluß auf die Alternativen der Zukunft recht unterschiedlich. Die ärmsten Schichten, die sich am Fuße der Bevölkerungspyramide stauen, können nicht einmal an ihre eigene Zukunft denken; deshalb können sie auch kaum etwas beitragen zur Zukunft der Menschheit. Ganze Völker sind also dazu verdammt, nur *die unbewußten Sklaven der Zukunft* zu sein, die Gefangenen einer Zukunft, die andere bestimmen. Ich habe bereits festgestellt, daß solche Situationen politisch untragbar geworden sind. Eine der vordringlichsten Aufgaben besteht denn auch darin, all diesen Randexistenzen die Möglichkeit zu geben, auf die eine oder andere Weise am gesellschaftlichen Fortschritt zu partizipieren.

An der Spitze der Pyramide haben sich dagegen die Klassen und Schichten der Gesellschaft niedergelassen, die die Entscheidungen treffen und den Gang der Ereignisse beeinflussen. Zu dieser Schicht zählt auch die Militärkaste und die Intelligenzia aus Wissenschaftlern, Ökonomen und Intellektuellen, die den Entscheidungsträgern dienstbar sind, sie unterstützen und anregen. Diese Männer an den Schalthebeln der Macht sind *die kurzsichtigen Bürohengste der Zukunft.* Auch in bezug auf die Gegenwart sind sie kurzsichtig gewesen, da sie die jetzige mißliche Lage weder vorherzusehen noch zu verhindern wußten; ihnen und ihrem Mittelmaß verdanken wir großenteils, daß es mit der Gesellschaft bergab geht, die Menschheit sich im Niedergang befindet. Diese Klasse von Bürohengsten ist gerade dabei, die Hoffnungen der Menschheit auf morgen aufs Neue zu verraten, denn sie scheint nichts dazugelernt zu haben, da sie die Entwicklung weiterhin in die alte Richtung treibt. Die Denk- und Verhaltensweisen dieser Menschen müssen sich also künftig am meisten ändern.

Doch kann weder die kulturelle Verbesserung der oberen Schichten der Gesellschaft noch die Rehabilitierung der amorphen Massen auf der untersten Stufenleiter groß wirken, wenn der Normalbürger nicht zur Geltung kommt. Denn *das Volk ist der wahre Träger der Zukunft.* Sein Aufstieg und sein Bewußtsein von der neuen Lage der Menschheit und der größeren Verantwortung, die sie mit sich bringt, sind die Eckpfeiler für eine Neuorientierung der Gesellschaft. Das Volk ist es im übrigen, das bei allen Krisen die Zeche zu zahlen hat, und weniger die herrschenden Klassen, daher entwickelt es auch eher das Bedürfnis nach Reformen, spürt die Notwendigkeit von Neuerungen, die ihm mehr Gerechtigkeit, Sicherheit und Frieden garantieren. Es ist besorgt; es fühlt, daß die Gesellschaft eine Bestandsaufnahme braucht; es steht für eine „Akkulturation" zur Verfügung, die ihm bessere Chancen eröffnet. Es will verstehen und glauben, reifen und mitbestimmen, sein und werden. Es trägt die Kraft zur Erneuerung in sich. Es ist die Quelle einer neuen Kultur, die Hoffnung auf morgen.

Die Fragen der Zukunft verlangen also Antworten, bei denen sich alle Teile der menschlichen Gesellschaft auf allen Ebenen engagieren müssen und in denen das Volk zugleich die Rolle des Protagonisten übernimmt. Der Vorrang für das Volk ist unabdingbar, denn die Eliten können zwar eine wertvolle Avantgardefunktion als Schrittmacher und Aufklärer übernehmen, aber sie können auch degenerieren. Schließlich hat es in der Geschichte eine ganze Reihe von Tyrannen gegeben. Und auch heute noch gibt es nicht wenige Diktaturen. Eine Gruppe von Wissenschaftlern kann eine schlecht vorbereitete Gesellschaft mit Entdeckungen konfrontieren, deren Anwendung grundlegende Veränderungen und nicht wiedergutzumachende Folgen mit sich bringt, und eine Handvoll Menschen kann den letzten Holocaust auslösen. Nur mündige Bürger können solche Verirrungen rechtzeitig unterbinden und die Geschichte einer lebenswerten Zukunft schreiben. Außerdem ändert sich die Machtstruktur mit der Verbreitung der Ausbildung, der Mobilität, der Informationen und Kommunikationen in einem System, wo alles mit allem zusammenhängt; das Volk übernimmt immer mehr Verantwortung. Infolgedessen spürt es die Notwendigkeit, sich und andere beherrschen zu lernen.

Der zweite Teil der Frage lautet: Was tun? Dabei muß man wissen, daß es weder Zauberformeln noch fertige Zukunftspläne gibt, auch keine altbekannten

Rezepte und festen Normen, an die man sich halten kann, noch brauchbare Experimente auf kleinerer Stufenleiter, die sich auf die ganze Welt übertragen ließen. *Wenn man die Zukunft entwerfen will, muß man alles neu machen,* selbst die Methoden, die man dabei anwenden will.

Wie ich schon bemerkt habe, muß der Ausgangspunkt ein klares Verständnis der Art und Weise sein, in der sich die Lage der Menschheit heutzutage verändert. Hinzukommen muß die Überzeugung, daß es möglich ist, kohärente Zukunftspläne zu schmieden. Ohne diese begründete, tiefe Überzeugung ist ein solch außergewöhnliches Vorhaben unvorstellbar.

Im Jahre 1974, zu Beginn seiner siebenjährigen Amtszeit, hatte Valéry Giscard d'Estaing recht und unrecht zugleich, als er erklärte, „die Welt ist unglücklich; sie ist unglücklich, weil sie nicht weiß, wohin ihr Weg führt, und weil sie ahnt, daß sie, wenn sie es wüßte, entdecken müßte, daß ihr Weg in die Katastrophe führt"[1]. Er hatte recht mit seiner Diagnose, aber unrecht darin, daß er die Lage als ausweglos darstellte und auch mit seiner impliziten Rechtfertigung der Unwissenheit, die alle sozialen Übel übertüncht. Im Gegensatz dazu versucht dieses Buch nicht nur zum Denken anzuregen, sondern auch Ideen zu entwickeln, die zeigen, daß es wirklich Lösungen gibt – wenngleich sie schwer vorzustellen und zu verwirklichen sind. Die *Trümpfe Wissen und Macht,* auf denen die Euphorie der 60er Jahre gründete, haben wir noch immer in der Hand, und zwar mehr denn je; sie stellen ein wundervolles, aber schlecht aufeinander abgestimmtes Erbe dar; das schnell, aber planlos wächst; das ständig auf

---

[1] Paris Match, September 1979.

verrückte, unvorsichtige und verschwenderische Weise verzehrt wird. Mit anderen Worten, man kann und soll, wenn schon nicht zu einer „Optimierung" in der Anwendung unserer Kenntnisse und Instrumente des Fortschritts, dann doch wenigstens zu einer „Sub-Optimierung" gelangen, statt den gegenwärtigen Zustand einer „Quasi-Pessimierung", wenn ich mir diese Wortschöpfung erlauben darf, zu perpetuieren.

Offenbar *gibt es auf allen Gebieten tausend Dinge zu tun.* Was auf nationaler und lokaler Ebene zu tun ist, bedarf der Entscheidungen auf diesen Ebenen – die aber den allgemeinen, regionalen und globalen Anforderungen Rechnung tragen sollten. Ich werde nur diesen übergeordneten Bereich von Anforderungen und Strategien behandeln. Und hierzu scheinen mir zwei Vorbemerkungen angebracht.

Die erste betrifft die Sichtweise, für die man sich entscheiden muß. Es ist eine alte Wahrheit, daß der Gegenstand der Betrachtung wichtig sein kann, der Gesichtspunkt, unter dem man ihn betrachtet, aber genauso wichtig ist. Wenn man die Weltlage weiterhin aus einem bestimmten Blickwinkel betrachtet und andere Betrachtungsweisen ausschließt, dann verzerrt sich die Perspektive, gewisse Aspekte werden dann gar nicht erfaßt, und wahrscheinlich bekommt man ein falsches Bild von der fernen Zukunft. Dies ist jedoch heute das gängige Verfahren. *Die Gesichtspunkte, unter denen man die Problematik angeht,* sind immer dieselben: der wirtschaftliche Aufschwung, die Energieversorgung oder das militärische Kräfteverhältnis. Diese Methode führt zu Fehlurteilen, manchmal sogar zu krassen. Die äußerst komplexe Problematik muß stattdessen von einer Vielzahl von Gesichtspunkten aus untersucht werden, um eine möglichst ausgewogene Sicht des Ganzen zu bekommen. Dieser Sichtweise werde ich mich im folgenden befleißigen.

Die zweite Vorbemerkung betrifft die oft geäußerte Meinung, es sei längst bekannt, was zu tun sei, *es fehle jedoch am nötigen politischen Willen,* um es durchzusetzen. Diese Ansicht ist teilweise zutreffend, und darauf werde ich gleich noch zu sprechen kommen; doch häufig dient sie einfach nur als Alibi. Es kommt zwar vor, daß an sich ausgezeichnete Pläne, Programme oder Projekte nicht verwirklicht werden, aber nicht aus Mangel an politischem Willen, sondern weil man nicht die nötigen Grundlagen schafft, auf die sie sich stützen können müßten. Will man die Probleme an der Wurzel anpacken, muß man nämlich die Grundlagen unserer Gesellschaft in Frage stellen. Und dieses Bemühen wird entweder stillschweigend übergangen oder nicht einmal diskutiert – vor allem weil dadurch das Tabu der nationalen Souveränität oder zumindest seine orthodoxe Auslegung angezweifelt werden könnten und damit die enormen Privilegien, die sich um es herum kristallisiert haben.

Nach diesen zwei Vorbemerkungen wollen wir nun sehen, was zu machen ist. Auf den folgenden Seiten werde ich mich auf die Diskussion *gewisser grundlegender und allgemeiner Anforderungen* beschränken, *an denen sich jede Handlung orientieren soll.* Sie betreffen eine ganze Reihe politischer und kultureller Imperative, die man befolgen muß, wenn man die Weltgemeinde organischer und solidarischer gestalten will, um sie auf den verantwortungsvollen Aufbau ihrer Zukunft besser vorzubereiten.

Wie alles übrige bedingen sich auch diese Imperative wechselseitig und formen ein komplexes Ganzes. Trotzdem kann man sie in drei Punkten zusammenfas sen und sie gemäß ihrer Wichtigkeit ordnen, so daß der wichtigste Punkt an letzter Stelle steht:

- *Globale Strategien und Politiken verwirklichen.*
- *Die Welt regierbar machen.*
- *Die Welt regieren lernen – was voraussetzt, daß wir uns selbst beherrschen lernen.*

Dies ist ein ungeheurer Forderungskatalog. Um ihn erfüllen zu können, muß die Menschheit sich heldenhaft anstrengen und den psychologischen Kampf gegen sich bestehen. Sie muß sich davon überzeugen, daß sie eine katastrophale Lage herbeigeführt hat, während sie sich im Gegenteil ihren größten Triumphen nahe wähnte. Sie muß durch Erfahrung abgesegnete Prinzipien und Prämissen aufgeben; auf gewisse Verhaltensweisen verzichten, die die Grundlage ihres Fortschritts waren; Gewohnheiten aufgeben, die ihr Wohlbefinden und Komfort verschafft haben; und von Urteilen Abstand nehmen, die bislang als Weisheiten galten. Und sie muß sich selbst gegenüber ehrlich und objektiv sein. Denn von der Glaubwürdigkeit des Unternehmens hängt alles ab. Die Gegenwart muß gründlich, ja brutal analysiert werden, und die der Zukunft gewidmeten Studien dürfen weder ihre Schwierigkeiten noch ihre Gefahren vertuschen und müssen zugleich frank und frei die tatsächlichen Möglichkeiten für einen Neubeginn offenlegen.

Der dritte Teil der Frage betrifft den Faktor Zeit: *Wann muß die Menschheit diese äußerste Anstrengung unternehmen?* Auch in diesem Punkt ist meines Erachtens alles klar. Der Druck der Ereignisse ist unerbittlich. Während der Prozeß der Erneuerung relativ langsam verläuft und die Angst und das Mißtrauen gegenüber dem Neuen sich nicht schnell legen, müssen die oben erwähnten Forderungen unverzüglich erfüllt werden. Auf dem Raumschiff Erde müssen die Dinge in Ordnung gebracht werden, bevor sie vollkommen außer Kontrolle geraten.

Wenn aber die Zeit, die uns für dieses Großreinemachen zur Verfügung steht, kurz ist, wieviel Zeit haben wir dann eigentlich? Von 1980 bis zum Jahr 2000? Ich glaube, viel weniger. *Die 80er Jahre werden entscheidend sein.* Wahrscheinlich kann bereits die erste Hälfte dieses Jahrzehnts die Geschichte des Menschen bis in eine sehr ferne Zukunft bestimmen.

Wir haben noch eine Art *Galgenfrist,* während der unsere Gattung noch gute Chancen hat, die gefährliche Situation zu meistern. Wenn sie diese Gelegenheit jedoch verstreichen läßt, wird sie wahrscheinlich nicht mehr vermeiden können, daß ihr Niedergang in einen jähen Fall mündet.

Globale Strategien und Politiken

Die erste und fundamentale Forderung zur Überwindung der gegenwärtigen Krise ist die, *eine Reihe von Strategien und Politiken zu übernehmen, die den globalen Interessen der Menschheit entsprechen.* Man muß jedoch daran denken, daß die menschlichen Aktivitäten weiterhin auf nationaler Ebene geregelt werden, solange die Gesellschaft noch als System souveräner Staaten organisiert ist. Ernsthaft und dauerhaft 150 nationale Egoismen in Übereinstimmung zu bringen, ist aber fast unmöglich. Denn jedes Land verfolgt seine eigenen Ziele und geht dabei nach eigenen Kriterien und seinem eigenen „heiligen" nationalen Interesse vor, unabhängig davon, was die anderen Länder machen, oder gar, um ihre Pläne zu durchkreuzen.

Andererseits kann am Nationalstaat, jenem Eckpfeiler der Weltpolitik, im Moment nicht gerüttelt werden. Das Problem besteht also darin, den Nationalstaat dahin zu bringen, daß er sich zu einem positiven Element im Rahmen globaler Zielsetzungen entwickkelt. Logischerweise sollte man ihn nicht angreifen, ohne vorher das Terrain bereitet zu haben. Das Drängen auf die sofortige Verwirklichung des Ziels wäre also ein schlechter Ratgeber, weil es dem behutsamen Vorgehen den direkten Angriff vorziehen würde.

Zunächst gilt es, *das Bewußtsein* zu schaffen, *daß globale Solidarität das Gebot der Stunde ist.* Zu diesem Zweck bedarf es eines Prozesses der Erziehung und Selbsterziehung und einer geistigen Bewegung. Man muß wahrscheinlich die Überlegungen, die ich bislang angestellt habe, in Frage stellen, kritisieren, korrigieren oder bekräftigen. Damit die Öffentlichkeit eine bedeutende politische Veränderung wollen und unterstützen kann, muß sie sich der auf unserem Planeten herrschenden Realität bewußt werden. Denn diese Realität wird letztendlich stärker sein als vorgefaßte Meinungen, die sich als überholt erweisen, und die Menschen werden davon überzeugt sein, daß der Wohlstand aller Nationen und ihrer eigenen im besonderen untrennbar mit dem Wohlergehen der Welt verknüpft ist.

Parallel zu dieser niedrigeren Einstufung der Souveränität des Nationalstaates müßten die stärksten Nationen mit konkreten Schritten ein Vorbild geben und einseitig auf einige Attribute ihrer Souveränität verzichten. Selbst wenn solche Initiativen unterbleiben, muß man alle guten Gelegenheiten nützen, um auf pragmatische Weise neben den natürlichen Ökosystemen und dem technischen Metasystem so etwas wie *ein globales Sozio-System* zu errichten. Ein bedeutendes Netz an internationalen Verträgen, die nicht zur direkten Verteidigung nationaler Interessen, sondern um noblerer Zwecke willen geschlossen wurden, existiert bereits; es zu verstärken muß unser Ziel sein.

Ein Mittel sind die regionalen Gemeinschaften, auf die ich später noch zu sprechen komme; ein weiteres ist *der freiwillige Zusammenschluß von Nationen, um im allgemeinen Interesse liegende Ziele zu erreichen.* Ausführlicher habe ich dieses Thema in meinem Buch *La qualité humaine* behandelt. An dieser Stelle möchte ich nur anmerken, daß die dort aufgeführte Liste von Ideen für neue internationale Strukturen, obwohl sie keine Systematik aufweist, einen ersten Anreiz bildet, der von sich aus zur Entwicklung weiterer Neuerungen treibt. All dies wird schließlich zu Veränderungen im Internationalen Recht, in den zwischenstaatlichen Beziehungen und in der Einstellung der Weltöffentlichkeit führen — die dann ihrerseits die tiefgreifenden Entwicklungen befördern, von denen ich weiter oben gesprochen habe. Was sich in dieser Hinsicht in der UNO abspielt, ist sehr lehrreich.

Im allgemeinen betrachtet man das System der Vereinten Nationen als aufgeblasenen, bürokratisierten, wenig effizienten und übermäßig politisierten Apparat. Es ist aber die UNO, das Forum souveräner Staaten, die die kurzsichtigen nationalen Interessen überwunden und mehr als jede andere Institution zur Bewußtseinsbildung über die globalen Probleme beigetragen hat. Dieses Ergebnis ist vor allem durch *die Weltkonferenzen* zustandegekommen, die sie in den 70er Jahren organisiert hat. Eine Liste der bedeutendsten findet sich auf S. 175. Dabei waren nicht so sehr die Konferenzen selbst ausschlaggebend, wo sich Tausende von Menschen aus allen Kontinenten trafen, um ihre Ansichten darzulegen. Und es ist auch nicht so sehr auf die Reden angekommen, die die Delegierten vor allem mit Blick auf ihr fernes, nationales Publikum schwangen, auf die zehntausend Seiten Dokumente, die sie hätten studieren sollen, die aber in Wirklichkeit nur von einigen Funktionären gelesen wurden. Worauf es ankam, war die Atmosphäre, die diese Konferenzen zu stiften vermochten um die ernsten und dringenden Probleme, die weit über das hinausgehen, was die Menschheit bislang unternehmen konnte und die alle Völker und Nationen bald gemeinsam angehen müssen. Denn damit war der erste Schritt getan.

Zum anderen gibt es sehr, sehr viele Ideen zu Plänen, Programmen und Projekten und zu gewissen Instrumenten und Institutionen, die geschaffen werden müßten. Gute und weniger gute Vorschläge kommen andauernd von den Organisationen der UNO und anderen Institutionen. Vor allem von den nicht-staatlichen Organisationen, die ich die Anti-Körper der Gesellschaft genannt habe. Selbstverständlich enthalten deren Vorschläge mehr innovatorische Elemente. In dem Maße, wie einige dieser Vorschläge und Empfehlungen in die Tat umgesetzt werden, werden sie durch noch gewagtere Projekte Unterstützung bekommen. Von all diesen Vorschlägen, die in die Praxis umgesetzt werden wollen, möchte ich auf zwei ausgearbeitete Projekte näher eingehen, die von privaten, unabhän-

Die wichtigsten Konferenzen der Vereinten Nationen

1972 = Umweltkonferenz, Stockholm
1974 = Weltbevölkerungskonferenz, Bukarest
= Welternährungskonferenz, Rom
1975 = Zweite Allgemeine Konferenz der UNIDO (Organisation der Vereinten Nationen für die Industrielle Entwicklung), Lima
= Weltkonferenz zum Internationalen Jahr der Frauen, Mexiko
1976 = Konferenz über menschliches Wohnen (Habitat), Vancouver
1977 = Anti-Apartheid-Konferenz, Lagos
= UN-Konferenz über das Vordringen der Wüsten, Nairobi
1978 = Weltkonferenz zum Kampf gegen Rassismus und Rassendiskriminierung, Genf
= Konferenz über die technische Zusammenarbeit zwischen Entwicklungsländern, Buenos Aires
1979 = Konferenz über Wissenschaft und Technik im Dienst der Entwicklung, Wien
= Weltkonferenz über die Agrarreform und die ländliche Entwicklung, Rom
1980 = Weltkonferenz zum Dezennium für die Frau: Gleichheit, Entwicklung und Frieden, Kopenhagen

gigen, international besetzten Arbeitsgruppen vorgelegt wurden. Die beiden Werke beziehen sich insbesondere auf die Nord-Süd-Beziehungen, doch zielen sie auch darauf ab, daß die Welt im allgemeinen zu einer gerechteren Ordnung findet und auf befriedigendere Weise funktioniert.

Der erste Komplex von ausgearbeiteten Vorschlägen ist in einem Bericht an den Club of Rome enthalten, der im Jahre 1976 unter der Leitung des großen Ökonomen Jan Tinbergen fertiggestellt wurde. Der Titel des Berichts lautet: *Wir haben nur eine Zukunft,* doch ist er besser bekannt unter dem Namen RIO-Bericht. Er behandelt eine ganze Palette von Themen und schlägt eine ganze Reihe von Maßnahmen vor, um die Disparitäten in der Welt progressiv zu verringern und um „allen Bürgern der Welt ein menschenwürdiges Leben und einen bescheidenen Wohlstand" zu sichern.

Und er hat den Mut zu zeigen, wie komplex, schwierig und langwierig das ganze Unternehmen sein wird. Seine wichtigsten Empfehlungen sind nach der jeweiligen Priorität in drei Gruppen gegliedert:

- Vorschläge zur Abschaffung der krassesten Ungleichheiten in den ökonomischen Möglichkeiten und in der Einkommensverteilung.
- Vorschläge zur Sicherung eines harmonischeren Wachstums des gesamten Wirtschaftssystems.
- Vorschläge zur ansatzweisen Errichtung eines weltweiten Planungssystems.

Das zweite, besonders aktuelle Dokument wurde im Februar 1980 unter dem Titel *Nord-Süd: ein Programm fürs Überleben*[1] veröffentlicht und ist seiner-

---

[1] Bericht der unabhängigen Kommission unter Vorsitz von Willy Brandt. Vgl. Fußnote S. 108.

seits als Brandt-Bericht bekannt, nach dem Namen des Präsidenten der Kommission, die ihn ausgearbeitet hat. Er behandelt vorwiegend Probleme der wirtschaftlichen Entwicklung. Man hat ihm daher schon vorgeworfen, er sei einseitig und berücksichtige die ökologische Umwelt und das Individuum nicht genügend. Seine Empfehlungen sind gleichfalls sehr detailliert und beruhen teilweise auf dem RIO-Bericht und anderen Arbeiten der letzten Jahre. Ein Notprogramm für die Jahre 1980–1985 umfaßt folgende vier Punkte:

- Ein breit angelegter Transfer von Ressourcen in die Entwicklungsländer.
- Eine internationale Strategie in Energiefragen.
- Ein Welternährungsprogramm.
- Den Beginn einiger größerer Reformen des Weltwirtschaftssystems.

Der interessanteste Aspekt des Brandt-Berichts besteht meines Erachtens darin, daß er sich um die Lockerung der festgefahrenen Lage zwischen Nord und Süd mit politischen Mitteln bemüht, indem er den gegenseitigen Interessen der reichen und armen Länder die Verlaufsform aktiver Zusammenarbeit gibt. Zu diesem Zweck schlägt er die Einberufung von einem oder mehreren Nord-Süd-Gipfeln vor, die gut vorbereitet sein und wenn möglich unter Teilnahme von Repräsentanten des Ostblocks stattfinden sollen – der bislang aber noch nicht zugesagt hat. Das erste Gipfeltreffen im Sommer 1981 in Mexiko wird gerade vorbereitet. Ein Dutzend Staats- und Regierungschefs der repräsentativen Länder des Nordens wird daran ebenso teilnehmen wie eine etwas größere Anzahl aus dem Süden. Der österreichische Bundeskanzler Bruno

Kreisky und der mexikanische Präsident José López Portillo werden den Vorsitz führen.

Diese Männer sind so integer, daß man sich darauf verlassen kann, daß dort einiges unternommen wird, um der Welt noch schwerere Krisen zu ersparen. Doch werden die Verhandlungen wahrscheinlich schwierig und komplex. Man braucht nur daran zu denken, daß der nationale Egozentrismus gebremst werden muß und daß die nötigen institutionellen Reformen in Angriff genommen werden müssen, damit die bestehenden oder noch zu schaffenden internationalen Organisationen den Realitäten und Forderungen unserer Zeit entsprechend handeln können.

Die Idee mit dem Gipfeltreffen ist ausgezeichnet – aber nur unter der Bedingung, daß die verantwortlichen Männer, die sich dort treffen, auch wissen, was die Welt von ihnen erwartet. Und sie erwartet von ihnen, daß sie zusammenkommen, um die Alternativen und Optionen für die Menschheit zu studieren. Dabei sollen sie nicht als Unterhändler, jeder im nationalen Interesse seines Landes auftreten, sondern als Partner, die gemeinsam festlegen, welchen Anteil ein jeder gerechterweise zum globalen Allgemeinwohl beitragen soll. Alle müssen ihr Bestes geben, um unter Beweis zu stellen, daß sie es ernst meinen. Denn wenn dieser große Gipfel sich als Routinetreffen erweisen sollte, dann wären die negativen psychologischen und politischen Auswirkungen angesichts der prekären Weltlage unübersehbar.

Die einfache und nackte Wahrheit lautet, daß die Menschheit mit ihren Führern unzufrieden ist. Und sie hat recht. Sie spürt die Gefahr, fühlt die bedrohlichen Ereignisse immer näher kommen. Ob Gipfeltreffen einberufen werden oder nicht, ob die Resolutionen der

UNO mehr oder weniger Makulatur sind und ob eventuelle Kompromisse bei den globalen Verhandlungen so oder so formuliert werden, die Menschheit will endlich wissen, woran sie ist. Sie hat Staatsmänner satt, die sich nie über wesentliche Fragen einigen können, sie hat nationale und internationale Bürokratien satt, die sofort alle Schwierigkeiten wittern, aber keinen Sinn für gründliche Lösungen haben. Die Menschheit hat das Gefühl, daß es Zeit ist, *von den Mächten dieser Welt leadership zu verlangen.* Sie möchte, daß sich einer unter all denen, an die sie ihre Entscheidungen delegiert hat, über die kleinlichen Streitereien erhebt und sie in die Lage versetzt, sich zu orientieren, indem er ihr klar und deutlich sagt, wieviel Schweiß und Entbehrungen, Blut und Tränen sie zahlen muß, um aus der jetzigen mißlichen Lage herauszukommen.

In den freiwilligen Zusammenschlüssen, die das friedliche Äquivalent zu den Militärpakten sind, besteht die leadership in der freien und gemeinsamen Entscheidung einer Staatengruppe, sich nicht nur zur Unterzeichnung von Verträgen zusammenzutun, sondern um gemeinsam ein konstruktives Ziel praktisch zu verwirklichen, das über die jeweilige nationale Sphäre hinausgeht. Die Mitgliedstaaten verpflichten sich nämlich, im gemeinsamen Interesse und mit Blick auf ein höheres Gut langfristig gewisse Normen und Politiken einzuhalten – und damit schaffen sie die Grundlagen einer neuen transnationalen Regelung.

Es gibt mehrere Sektoren und Probleme, bei denen die technische Ausarbeitung und der Konsensus der Meinungen sehr weit gediehen sind, und es gibt andere, bei denen die Notwendigkeiten offen zu Tage liegen und die daher für Zusammenschlüsse besonders gut geeignet sind. Der Kasten auf S. 180/181 soll eine Vor-

Beispiele für Strategien und Politiken im Interesse aller

- *Stratégie mondiale de la conservation* (oder: weltweite Strategie der Bewahrung). Sie war Gegenstand der detaillierten Studie, aus der ich bereits (auf S. 96) zitiert habe und die konkrete Vorschläge für eine ganze Palette von Sektoren macht. Ihr Ziel ist die Beförderung eines dauerhaften Wirtschaftswachstums, das auf dem sparsamen Einsatz und der Erhaltung der natürlichen Ressourcen beruht.

- *Beseitigung des Hungers und der schlechten Ernährung.* Die zu diesem Zwecke auf der Welternährungskonferenz im Jahre 1974 feierlich verabschiedete Allgemeine Erklärung ist nie richtig angewendet worden. Die FAO und der Welternährungsrat haben jedoch klare und detaillierte Pläne aufgestellt und überzeugende Strategien entworfen. Das Ziel kann nur sein, auf nationaler und internationaler Ebene alle verfügbaren Ressourcen an Böden, Wasser, Energie, Technologie, Kapital und klimatischen Bedingungen sinnvoll zu nutzen und großzügig die nötigen Mechanismen zu schaffen, um endlich für immer mit dieser biblischen Plage Schluß zu machen.

- *Multinationale Energiepolitik.* Sie sollte auf einem gemeinsamen Abkommen zwischen den produzierenden Ländern und den Importnationen beruhen oder zumindest auf regionalen Abkommen. Ihr Ziel muß es sein, den Übergang von der vergangenen Periode des Überflusses an billiger Energie zur neuen Periode knapper und teurer Energie ordentlich und im Geiste der Partnerschaft zu bewältigen, wobei man vor allem auf die Energiesparmaßnahmen setzen, alle verfügbaren Energiequellen geschickt kombinieren und dabei noch so viel Umweltschutz wie möglich praktizieren sollte.

- *Forschungen auf dem Gebiet der Planung.* Auf einem endlichen Planeten mit knapp gewordenen Ressourcen müssen die Ziele und Aktivitäten der verschiedenen Nationen und Regionen aufeinander Rücksicht nehmen. Das Ziel ist es, praktizierbare Methoden und Techniken der Abstimmung und der mittel- und langfristigen gemeinsamen, dezentralen Planung auszuarbeiten.

- Weitere Beispiele stammen aus den verschiedensten Bereichen – die Reform des internationalen Währungssystems, die Normalisierung der internationalen Kreditmärkte, die vorbereitenden Maßnahmen zur Abrüstung, die Abrüstung selbst und die Kontrolle oder Abschaffung des internationalen Waffenhandels etc.

- Allgemein läßt sich feststellen, daß derartige Verträge sehr schwer zu verwirklichen sind. Doch ohne sie wird das Leben auf dieser Welt noch schwieriger.

stellung vermitteln von den Initiativen, die man in Betracht ziehen sollte. Es ist nicht erforderlich, daß von Anfang an alle Staaten mitmachen, die in der einen oder anderen Initiative natürliche Partner wären. Das Wichtigste ist ein guter Start; und daß man neuen Mitgliedern nicht den Beitritt verwehrt.

Zum Abschluß dieser langen Rede möchte ich feststellen, daß gute Arbeit geleistet wird in der Definition des Bezugsrahmens und der wissensmäßigen Voraussetzungen, die für koordinierte regionale und globale Strategien und Politiken erforderlich sind. Ein indirekter Beitrag hierzu ist das jüngst erschienene Werk eines Mitglieds des Club of Rome[1], das die Effizienz der wichtigsten nationalen Gesellschaften und ihre Funktionsweisen in der Übergangsphase zur Zukunft analysiert. Von den Studien möchte ich noch zwei erwähnen.

Eine von ihnen ist *Global 2000*[2]. Es handelt sich um eine zukunftsorientierte Analyse einer ganzen Palette von Sektoren, die unter Leitung meines Kollegen Gerald O. Barney von verschiedenen Abteilungen der amerikanischen Administration für den Präsidenten der Vereinigten Staaten ausgearbeitet wurde. Einem Kommentar zufolge hat es das Projekt deswegen gegeben, weil die amerikanische Exekutive im Moment nicht in der Lage ist, ihrem Präsidenten fundierte und untereinander abgestimmte Vorhersagen über die Entwicklung der Bevölkerung, der Rohstoffe und der Umwelt zu liefern, die es ihm ermöglichen, die sich abzeichnenden Probleme leichter zu identifizieren und die geeigneten Reaktionsweisen abzuwägen. Diese

---

[1] Bohdan Hawrylyshyn, *Road Maps to the Future*, Oxford 1980.
[2] *The Global 2000 Report to the President*, US Government Printing Office, Washington D. C. 1980.

Initiative zeigt, welche Sorgen sich in den fortgeschrittensten Regierungskreisen breit machen; und es ist ein gutes Zeichen, daß andere Länder *Global 2000* studieren, um den Bericht auf ihre besondere Lage hin umzuschreiben.

Von den vielen Studien möchte ich nur noch eine erwähnen, die mein Kollege Adriano Buzzati-Taverso projektiert hat. Sie wird in den nächsten vier Jahren von Wissenschaftlern aus verschiedenen Teilen der Welt unter der Leitung von IFIAS (International Federation of Institutes for Advanced Studies) in Stockholm und des Labors für Hydraulik in Delft erstellt. Das Projekt geht von der Prämisse aus, daß unser Wissen von der Biophysik des Globus und deren vom Menschen verursachten Veränderungen schwere und nicht zu verantwortende Lücken aufweist. Daher der Name desselben: *Scanning Our Changing Planet*[1]. Sein Ziel ist es in der Tat, den Planet zu erforschen, um festzustellen, was alles noch untersucht werden muß und was man alles wissen müßte, um Verhaltensnormen festzulegen und die Evolution unserer Umweltbedingungen ständig unter Kontrolle zu haben.

Kurz, der Imperativ, wonach die Nationalstaaten ihr stammesähnliches Denken und Verhalten aufgeben müssen, um einer breiteren Solidarität Platz zu machen, beginnt, sich Bahn zu brechen. Man muß jetzt dafür sorgen, daß daraus eine effektive politische Aktion wird. Zu diesem Zweck müssen die für Neuerungen aufgeschlossensten Bürger weiterhin Druck auf die Regierungen ausüben, damit sie die Pläne zum Wohl der Menschheit weiterverfolgen, selbst wenn dies die Aufgabe einiger nationaler Positionen bein-

---

[1] „Wir erforschen den Wandel unseres Planeten".

haltet. Am Schluß wird die Bilanz auf jeden Fall positiv sein. Den Planeten Erde wieder in guten Zustand versetzen, dafür sorgen, daß er die riesige Bevölkerung ernähren kann, die ihn bewohnen wird, und uns Institutionen und eine Politik schaffen, die diesen Zielen dient – das ist nicht nur ein Beitrag zum größten Unternehmen, das es für uns gibt, sondern auch die beste Möglichkeit, unsere Zeit, unsere Talente und unsere Hoffnungen zu investieren.

Zwei politische Imperative

Die Wege des Heils werden keine bequemen Prachtstraßen sein. Sie werden im Gegenteil ungewohnte, verschlungene, rauhe und mit Hindernissen übersäte Pfade sein. Und man wird mehrere Wege ausprobieren müssen, bevor man die findet, die eine reelle Chance zum Vorwärtskommen bieten. Um die Suche zu erleichtern, ist die erste fundamentale Forderung die, die wir gerade untersucht haben, d.h. wir müssen anfangen, in der Kategorie der Totalität zu denken und zu handeln. Hinzukommt jedoch eine zweite grundlegende Forderung: man muß *die Regierbarkeit des menschlichen Systems sichern,* das im Moment, wie wir gesehen haben, vor allem durch die Ost-West-Spannungen und das strukturelle Ungleichgewicht zwischen Nord und Süd blockiert ist. Diese beiden Hindernisse zu beseitigen, lautet also der erste Imperativ unserer Zeit. Beide Gegensätze sind zwar vielfältig miteinander verflochten, doch wollen wir sie getrennt untersuchen, um die Überlegungen zu vereinfachen.

Was die Ost-West-Achse anbelangt, wage ich sogar zu behaupten, daß das bloße Verschwinden der Spannungen durch Entspannung oder im Namen der friedlichen Koexistenz nicht ausreicht. Man kann sich nicht mehr mit einer politischen und psychologischen Klimaverbesserung zufriedengeben. Die gesamte Lage hat sich dermaßen verschlechtert und verschlechtert sich so rapide an allen Fronten, daß koordinierte Interventionen auf breiter Stufenleiter notwendig sind, um diese Tendenzen umzukehren. *Eine aktive Zusammenarbeit zwischen Ost und West ist also unabdingbar geworden.* Ich glaube, daß diese Zusammenarbeit trotz der unterschiedlichen politischen Systeme, der gegensätzlichen Ideologien und trotz der gegenwärtigen Spannungen möglich ist. Betrachten wir nun kurz, worum es eigentlich geht.

Die Nationen, die wir gerne die freien westlichen oder verwestlichten Demokratien nennen, sind viel reicher und viel produktiver als die sozialistischen Staaten. Selbst wenn man nur die Vereinigten Staaten, Kanada und die Europäische Gemeinschaft hernimmt – also Japan und die anderen Länder der OECD wegläßt – macht ihr Bruttosozialprodukt fast die Hälfte des Bruttosozialprodukts der Welt aus, und es ist dreimal so groß wie das des Ostblocks. Dessen Wirtschaft ist geschwächt, seine Achillesferse ist eine Landwirtschaft, die nicht in der Lage ist, so viel zu produzieren, daß sie die wachsenden Bedürfnisse der Bevölkerung befriedigen könnte; doch hat er unter der Führung der Sowjetunion, die 12 Prozent ihres eigenen Sozialprodukts für Rüstung auszugeben scheint, militärisch mit dem Westen gleichgezogen, wenn er ihm nicht überlegen ist. Er besitzt auch die Kraft derer, die die Gegenwart der Zukunft opfern können.

Außerdem sind es die sozialistischen Regimes, die sich vorgenommen haben, die gegenwärtige Weltlage zu ändern, die meistens die Initiative ergreifen, die in der Welt der Unzufriedenheit die meisten Freunde haben – und darüber hinaus sind ihre Freunde engagierter und disziplinierter als die des Westens. Die beiden, im großen und ganzen mit dem Warschauer Pakt und der NATO identischen Gruppen neutralisieren sich also wechselseitig und halten sich die Waage. Doch infolge der dadurch entstandenen Lähmung des weltweiten Systems zählt ihrer beider Gewicht doppelt.

Obwohl sie sich dieser Situation bewußt waren, haben die Führer der einen und der anderen Seite immer gehofft, sie könnten ihren Gegner übers Ohr hauen – ohne eine direkte militärische Konfrontation zu riskieren. Sie wissen sehr wohl, daß eine Kraftprobe, sogar unwillkürlich, zu atomaren Angriffen eskalieren kann, die jede der beiden Supermächte sehr wohl auslösen, gegen die sich aber keine wirksam verteidigen kann. Im Moment wirkt das Gleichgewicht des Schreckens also noch abschreckend, aber niemand weiß, ob das morgen auch noch der Fall sein wird. Außerdem ist es ein sehr teures Mittel. Ich bin überzeugt, daß beide Seiten nun an dem Punkt angelangt sind, wo sie, wenn man ihnen Gelegenheit dazu gibt, bereit sind, weniger riskante und konstruktivere Optionen zur Durchsetzung ihrer Interessen zu überlegen.

Um diese Möglichkeit auszuloten, habe ich über zwei Jahre lang direkte und indirekte Kontakte zu beiden Lagern unterhalten; und ich glaube, mit vollem Recht feststellen zu können, daß sie in ihren Überlegungen weiter fortgeschritten sind, als man der offiziellen Politik entnehmen kann. Der Gesprächsfaden ist jedoch durch den sowjetischen Einmarsch in Afghanistan abgerissen. Wenn sich die Lage wieder stabilisiert hat und das Leben auf die eine und die andere Weise weitergeht, können die Kontakte in geeigneter Form aber wieder aufgenommen werden. Sie sind nämlich nicht nur nötiger als zuvor, sondern eine Reihe von Leuten ist jetzt überzeugt davon, daß die weltweite Krise uns alle dazu verpflichtet, unverzüglich nach Notausgängen zu suchen. Wie schon mehrmals betont, ist es ein Rennen gegen die Zeit, daher sind die nächsten drei oder vier Jahre entscheidend. Es muß uns also gelingen, die vereinten Kräfte von Ost und West zu mobilisieren, bevor das weltweite System aus anderen Gründen geschwächt ist. *Die Zusammenarbeit von Ost und West erst gegen Ende dieses Jahrzehnts zu verwirklichen, wäre sicher zu spät.*

Der Plan ist nach wie vor sehr einfach. Am Anfang stehen informelle Treffen auf höchster Ebene, auf denen Persönlichkeiten zusammenkommen, die auf ihrem jeweiligen Gebiet sehr viel Verantwortung tragen, die aber als Privatpersonen an diesen Gesprächen teilnehmen. Informationen und Meinungen über die Weltlage werden ausgetauscht. Gemeinsame Arbeitsgruppen werden eingerichtet, die ohne Vorurteile und vorgefaßte Meinungen die Sache so objektiv wie möglich untersuchen, um die Meinungsverschiedenheiten und die komplexeren Probleme zu erhellen. Danach befaßt man sich mit der Dynamik der aktuellen Lage und den Perspektiven der Menschheit am gegenwärtigen Wendepunkt ihrer Geschichte. Man konfrontiert die jeweiligen Schlußfolgerungen bezüglich der Politik, die die Menschheit im allgemeinen sowie Ost und West und andere Menschengruppen im besondern betreiben könnten oder sollten.

Es müßte und muß sich um *ein globales Urteil über*

187

den Zustand der Erde handeln und über die Art und Weise, wie Ost und West ihn verbessern zu können glauben. So müßte man gemeinsam eine Reihe alternativer Szenarios für die Zukunft schaffen. D.h. plausible Zukunftsmöglichkeiten, die aus der Gegenwart und den verschiedenen Körben nationaler und internationaler Politik erwachsen und die die wichtigsten Protagonisten künftig realisieren könnten.

Das Unternehmen wird sicherlich so enden, daß die gegnerischen Gruppen spontan dieselben Präferenzen in Bezug auf die wünschenswerten Zukunftsalternativen äußern und andere vorbehaltlos ablehnen; und, was noch wichtiger ist, eine solche globale Vision der Zukunft sollte es Ost und West ermöglichen, die Gebiete abzustecken, auf denen sie gemeinsame Interessen haben, welche sie besser verfolgen können, indem sie gemeinsam, statt getrennt agieren. Es scheint auch logisch, daß eine ganze Reihe von Problemen, die uns jetzt blenden, weil sie zum Symbol der schlechten Ost-West-Beziehungen geworden sind – die politische und militärische Situation im Persischen Golf, die Angst vor einem verheerenden Überraschungsangriff, die subversiven Aktivitäten gegen die Positionen des Gegners auf der ganzen Welt – viel von ihrer Wichtigkeit verlieren werden. Andere Beziehungen – die der wirtschaftlichen, wissenschaftlichen und kulturellen Zusammenarbeit – werden Vorrang bekommen. Und allmählich wird man weitere Gemeinsamkeiten entdecken, bis man die Richtlinien einer *globalen und konzertierten Verwaltung gewisser menschlicher Angelegenheiten* festzulegen beginnt.

Selbst wenn ich gerne damit kokettiere, daß ich ein Idealist bin, hat mich doch meine 40jährige Erfahrung als Industriemanager gelehrt, mit den Füßen auf dem

Teppich zu bleiben. Nun bin ich aber der festen Überzeugung, daß es möglich ist, die Meinungen der Sowjets und der Amerikaner und Europäer in Einklang zu bringen, wie gesagt, könnten sie sich über mehrere Menschheitsprobleme einigen und gemeinsam nach möglichen Lösungen suchen. Dabei sollte man noch kurz den Einwand erledigen, dadurch würde letztendlich die Herrschaft einiger weniger Staaten über den Rest der Welt befördert. Die erste Antwort lautet, daß die Lage im Moment weitaus schlimmer ist. Zum zweiten könnten Wissenschaftler von anderen Menschengruppen sich dieser Ost-West-Initiative anschließen. Außerdem gäbe es eine gewisse Sicherheit, daß die Gefahr einer Konfrontation zwischen den Supermächten zumindest für eine Zeit lang aufgehoben wäre. Der wesentliche Vorteil wäre jedoch der kulturelle, politische und psychologische Effekt, den es hätte, wenn die Großen der Welt vor der Öffentlichkeit aller Länder nicht über ihre wenig erbaulichen Differenzen diskutieren, sondern über die alternativen Wege der Menschheit – und angesichts dieses Vorteils kann man es in Kauf nehmen, daß sie daraus womöglich auch noch einen Gewinn für sich schlagen.

China und Japan waren in den bisherigen Überlegungen nicht enthalten, weil das Epizentrum der großen Konflikte nach zwei Kriegen, die in Europa ausgebrochen sind, das strategisch wichtige Gebiet zwischen dem Atlantik und dem Indischen Ozean bleibt. Die Welt ist von den Rivalitäten bedroht, die in diesem Gebiet auftreten. Doch sollten die beiden großen Nationen im Fernen Osten durchaus ab einem gewissen Zeitpunkt an dem Gedankenaustausch und den Studien teilnehmen. Natürlich aus einem anderen und wichtigeren Grund: sie sind den Nationen in ihren wechselseitigen Beziehungen ein bewundernswertes Vorbild. Nach langen Zeiten der Trennung, der Konfrontation und des Kampfes haben sie sich nun für die Zusammenarbeit entschieden, die sich beispiellos gut anläßt. Ihr Beitrag kann wertvoll sein, und ihrem Beispiel sollte Folge geleistet werden.

Man könnte auf diese Weise sogar eine Art *Gesprächsrunde über die Perspektiven der Menschheit* einrichten. Diese Gesprächsrunde könnte mehr oder weniger permanent tagen, und trotz ihres inoffiziellen Charakters würde sie sicher die Politik der Regierungen beeinflussen. Dann könnten die Teilnehmer auch noch andere Gruppen an ihren runden Tisch laden. Ich bestehe jedoch darauf, daß nur Ost und West — gemäß der oben gegebenen Definition — die Initiative zu diesem qualitativen Sprung in Sachen Kultur und Politik ergreifen können und müssen, denn sie haben den meisten Einfluß auf den Gang der Dinge. Müssen sie nicht allein schon deswegen die Führung übernehmen und zeigen, daß sie die Zukunft auf eine Weise beginnen wollen, die ihren Fähigkeiten und ihrer weltweiten Verantwortung entspricht? Die anderen werden ihnen dann schon folgen.

Der zweite politische Imperativ in der Stunde globaler Interdependenzen betrifft die Nord-Süd-Achse mit ihrer asymmetrischen Struktur, denn das globale System befindet sich deshalb im Ungleichgewicht. Unter diesen Umständen ist es absolut unregierbar. Um die Welt wieder regierbar zu machen, *muß der Süden organisch in das System integriert werden;* und zu diesem Zweck muß dem Süden geholfen werden und er sich selbst dabei helfen, den Zustand konstitutioneller Unterlegenheit zu überwinden, in den er durch seine Aufsplitterung und seine Schwäche nicht nur gegenüber

190

dem Norden, sondern auch in Bezug auf die Funktionen geraten ist, die er im eigenen Interesse und dem der ganzen Menschheit ausüben muß.

Zur Erfüllung dieser Forderung sind eine ganze Reihe von Maßnahmen notwendig. Aufgrund der obigen Analyse beharre ich jedoch auf einem Punkt ganz besonders, denn er ist die Voraussetzung und Grundlage aller anderen. Die Völker, die auf der südlichen Erdhalbkugel unter solch schwierigen Umständen leben, müssen Modelle eines politisch-ökonomischen Zusammenschlusses übernehmen, die es ihnen ermöglichen, sich zu funktionellen Einheiten von ausreichender Größe und Kapazität zu organisieren. Ohne diese Voraussetzung bleiben sie für immer vom Norden abhängig. Ohne sie haben sie keine Chance, mit den Kolossen des Nordens wirksam zu verhandeln; sich selbständig und auf ihre eigene Art zu entwickeln; sich gemäß ihrem Wesen kulturell zu entfalten. Die postfeudale Formel vom Nationalstaat hat sich als untaugliches Mittel zur Erfüllung der in der postkolonialen Epoche gegebenen Aufgaben erwiesen.

Wie viele meiner Kollegen und etliche Staatsmänner der Dritten Welt glaube ich, daß die einzig realistische Lösung unter den gegenwärtigen Umständen, wo die Zeit drängt, *die Schaffung regionaler Gemeinschaften* ist. In einer Vorlage für den Club of Rome schreibt Maurice Guernier, diese Gemeinschaften bestünden „aus einer Reihe von Nachbarstaaten, die durch einen homogenen Charakter und ein gemeinsames Schicksal miteinander verbunden sind und die beschließen, sich ohne Verlust ihres Nationalcharakters neu zu gruppieren, um gemeinschaftlich Probleme zu lösen, die die Macht jedes einzelnen übersteigen: die großen regionalen Probleme, die weltweiten Probleme und die des

Überlebens der Menschheit." Die regionalen Gemeinschaften wären Bindeglieder zwischen dem Nationalstaat und dem internationalen System. Albert Tévoédjrè, eine der bemerkenswertesten Persönlichkeiten Afrikas, ergänzt Guerniers Gedanken um den Hinweis, daß man im Nord-Süd-Dialog nicht nur in ökonomischen Fragen zu *Solidaritätsabkommen zwischen gleichwertigen Partnern* kommen muß. Dies wäre eine „organische Solidarität, die auf der Achtung der Unterschiede"[1] beruht, welche, mehr noch als Ähnlichkeiten, zur Quelle von Begegnungen und wechselseitiger Entwicklung sowohl im Innern der Gemeinschaften als auch in ihren Beziehungen werden können.

Selbstverständlich bleiben die Hilfe des Nordens und die ökonomische und technologische Zusammenarbeit in Fragen der Industrie, der Finanzierung und des Handels, trotz der Entscheidung für den gemeinschaftlichen Weg und des Abschlusses von Solidaritätsabkommen oder Verträgen zwischen den Gemeinschaften, die notwendige Voraussetzung einer selbständigen Entwicklung des Südens. Die Beziehungen zum Norden sind im Gegenteil dringend nötig, und die gemeinschaftliche Lösung ermöglicht umgekehrt, sie auf eine breitere Basis zu stellen und langfristige Projekte zu verwirklichen. Die Nord-Süd-Beziehungen könnten nämlich davon profitieren, daß die vom Norden gelieferten Mittel aufgrund eines breiteren und offeneren Wettbewerbs besser genutzt werden als jetzt, wo politische und andere Sonderinteressen sich vor allem in den bilateralen Beziehungen leicht breit machen und dadurch den Nutzen der Hilfe in Frage stellen.

---

[1] Albert Tévoédjrè, *La pauvreté-richesse des peuples,* Les Editions Ouvrières, Paris 1978.

Im Mai 1980 hat der Club of Rome mit zwei Forschungsorganisationen, einer aus dem System der Vereinten Nationen der UNITAR[1], und einer aus der Dritten Welt, dem CEESTEM[2], am Sitz der UNO eine internationale Konferenz einberufen. Deren Ziel war die Untersuchung der Möglichkeit und der Vor- und Nachteile eines regionalen, also nicht mehr nationalen, und interregionalen Herangehens an die neue Weltwirtschaftsordnung – oder besser an die *neue Weltordnung*. Obwohl die UNO das Forum der souveränen Nationalstaaten ist, erzielte man fast einhellige Übereinstimmung. Die ganze Welt befindet sich auf der Suche nach einem Ausweg aus der Sackgasse, in die sowohl der Nord-Süd-Dialog als auch die Debatte über die neue Weltordnung geraten sind. Die Idee eines regionalen Ansatzes kommt also im rechten Augenblick.

Man muß die Untersuchung zu Ende führen. Wenn man die Menschheit auf interregionaler Basis organisieren könnte, hätte man noch eine ganze Reihe mehr Vorteile als die schon erwähnten. Sie springen ins Auge. Man bräuchte dann nur etwa ein Dutzend regionaler Systeme bzw. Subsysteme miteinander koordinieren und nicht eine über zehnmal größere Anzahl mehr oder weniger souveräner Staaten. Der Virus der Souveränität wäre teilweise neutralisiert. Jede Gemeinschaft hätte – ähnlich wie die Kontinentalnationen China und Indien – viel größere Möglichkeiten als die einzelnen Staaten, auf breitem Raum die gegensätzlichen politischen Forderungen der Selbständigkeit und der wechselseitigen Abhängigkeit zu vereinen. Die Nationen ein und derselben Gemeinschaft müßten ihre Differenzen im Rahmen der Ge-

---

[1] United Nations Institute for Training and Research.
[2] Centro de Estudios Econòmicos y Sociales del Tercer Mundo.

meinschaft so lösen, daß sie die globalen Beziehungen nicht stören, wie dies heutzutage ständig der Fall ist. Die Welt würde stabiler werden; sie müßte sich weniger um die Gegenwart sorgen; sie könnte sich mehr der Zukunft widmen. Ihre ökonomische und soziopolitische Entwicklung wäre nicht mehr an egoistische und borniert Nationalismen gebunden. Und schließlich könnte *ein echter Dialog zwischen den Zivilisationen* beginnen, in dem jede Zivilisation sich auf ihrem angestammten Gebiet entfalten und so ihren originellen Beitrag zum gemeinsamen Fortschritt leisten kann.

Europa befindet sich am Kreuzweg des Ost-West- und des Nord-Süd-Gegensatzes, also auf Gedeih und Verderb in einer einmaligen Lage. Ich habe schon hervorgehoben, daß es unter gewissen Aspekten eine recht heikle Lage ist, die aber sehr wichtig werden kann. Aufgrund seiner zentralen Lage und seiner anderen Qualitäten sollte Europa eine entscheidende Rolle spielen und den Lauf der Dinge positiv beeinflussen können. Europa muß dies aber wollen, sich ernsthaft darauf vorbereiten und sich vor allem zu den Vereinigten Staaten von Europa konstituieren – zuerst zu einer echten Wirtschaftsgemeinschaft und dann zu einer politischen Gemeinschaft.

Europa ist dazu verpflichtet, vor allem in seinem eigenen Interesse. „Was man schon heute über Europa sagen kann, ist dies, daß bereits mit der Entscheidung, nichts oder wenig zu tun, eine grundlegende Entscheidung über die Zukunft Europas getroffen ist und daß man sich dadurch in eine tragische Situation begibt in Sachen ökonomischer Abhängigkeit, Arbeitslosigkeit und sozialer Spannungen[1]". Doch hat Europa gerade

---

[1] André Danzin, *Science et Renaissance de l'Europe,* Chotard, Paris 1979.

in einer so ernsten Krise wie der jetzigen auch der Welt gegenüber moralische und politische Verpflichtungen. Diejenigen, die handeln können, müssen es tun. Und wenn Europa dieser Pflicht nicht nachkommt und zur Verbesserung der Lage der Menschheit nicht alles tut, was in seinen Kräften liegt, muß es sich eines Tages vor dem Gerichtshof der Geschichte verantworten.

Der politische Imperativ, die Ost-West- und die Nord-Süd-Achse des menschlichen Systems in Ordnung zu bringen, den ich gerade skizziert habe, mag als utopische Vorschrift zum Aufbau einer neuen Welt erscheinen, in einer Welt, die sich nie ändern wird, weil sie es nicht kann. Dies ist jedoch eine Kritik, die ich strikt ablehnen muß. Ich bin mir der Schwierigkeiten wohl bewußt, die auftreten, wenn man diese Veränderungen in Gang setzen will und wenn die neuen Institutionen funktionieren sollen. Doch bin ich nach langen Überlegungen und Diskussionen zu der Überzeugung gelangt, daß diese Pläne, die heute noch vage, idealistisch und unmöglich erscheinen, eine echte Chance haben, die Welt von morgen zu gestalten. Bei der momentanen Lage der Dinge ist der Mut zur Utopie die einzige Art und Weise, wie man wirklich Realist sein kann. *Die Realpolitik ist überholt – sie muß durch eine neue Realutopie ersetzt werden*[1].

---

[1] Das Wort Realutopie stammt von dem kürzlich verstorbenen deutschen Philosophen Ernst Bloch.

Die große verborgene Reserve

Leben lernen

Die dritte grundlegende Forderung besteht darin, die riesige Ansammlung von immer komplexeren und immer stärker miteinander verflochtenen Gesellschaften und Systemen, die unsere Welt ausmachen, regieren zu lernen. Um dies zu lernen, müssen wir vor allem lernen, uns selbst zu beherrschen. Dies ist eine Hauptforderung, deren Verwirklichung, wie ich schon mehrfach betont habe, einer tiefgreifenden kulturellen Evolution bedarf. Der vordringlichste Imperativ ist also *die Beförderung dieser Entwicklung des Menschen,* denn ohne sie ist jede weitere Entwicklung oder Politik unmöglich, ohne sie kann die Menschheit nicht haltmachen auf ihrem Weg in den Abgrund. Ich möchte nun im folgenden zu einigen abschließenden Bemerkungen kommen.

Was man *den Fortschritt* nennt, ist zu einem so rasend schnellen und alles erschütternden, einem so mechanischen und unnatürlichen, einem so unerbittlich und rastlos fortschreitenden Prozeß geworden, daß es uns nicht mehr gelingt, ihn zu beherrschen, geschweige denn, seinen Sinn zu erfassen. Unsere Situation ist buchstäblich dramatisch. Ein immer größer werdender *Abgrund* trennt uns von der wirklichen Welt, die uns früher vertraut war und jetzt fremd ist. Zugleich hindert uns ein *Riß* in uns selbst daran, zwischen den Dingen zu unterscheiden, die unsere Lage verschlechtern und denen, die sie verbessern könnten. Darüber wer-

196

den wir kopflos und handeln unbedacht. Unsere Lage wäre bald hoffnungslos, wenn es nicht *auf dem Grunde unseres Seins einen letzten Rettungsanker* gäbe. Es handelt sich um den angeborenen Reichtum an menschlichem Verständnis, visionärer Kraft und Kreativität, das leider meist vergessene und ungenutzte Erbe eines jeden Individuums. Hinzukommen die moralischen Energien, die noch zur Verfügung stehen, weil man diese Rerseve noch nicht angegriffen hat. Die Alternativen Sein oder Nicht-Sein, Überleben oder Untergang – oder einfach ein menschenwürdiges Überleben der Menschheit oder ihr Absinken auf das Niveau von Untermenschen – hängen beinahe ausschließlich von unserer Fähigkeit ab, dieses in unserem Inneren verborgene, natürliche Potential einzusetzen und zu entwickkeln.

Selbst bei oberflächlicher Betrachtung kann man feststellen, daß der moderne Mensch ein Torso ist. Er hat spektakuläre Erfolge zu verzeichnen und es in puncto Wissen und Macht unerhört weit gebracht, doch hat er sich selbst verraten, indem er glaubte, auch menschlich auf der Höhe der Veränderungen zu sein, die er bewirkt hat. Infolge dieses Irrtums ist er unterentwickelt geblieben, hinkt er hinter Realitäten her, die ihm entgleiten. Das einzige Mittel, wieder mit sich und der Welt ins reine zu kommen, besteht darin, seine Fähigkeiten auf die eigene angemessene Entwicklung zu konzentrieren und das heißt *in Einklang leben lernen mit der neuen, phantastischen und halb-künstlichen Welt, die der Mensch sich geschaffen hat.*

Die Aufgabe, zu der wir aufgerufen sind, kommt einem radikalen Wechsel in eine neue kulturelle Epoche gleich – wir müssen die Vergangenheit hinter uns lassen, um die Gegenwart zu erreichen und unseren Weg in die Zukunft unverzüglich fortsetzen zu können. Die erforderliche Veränderung wird für die Bürger in verschiedenen Teilen der Welt verschieden aussehen – wodurch die Angelegenheit noch komplexer wird. Doch muß sie überall einen gemeinsamen Nenner aufweisen. Ein ähnlich großes Vorhaben hat es in der Vergangenheit nie gegeben, denn es war gar nicht notwendig. Es sind vielmehr die außerordentlichen Umstände von heute, die uns dazu zwingen, all unsere Kräfte in ein solch schwieriges, komplexes und breitgefächertes Unternehmen zu investieren; andererseits verfügen wir aber auch über sehr viel mehr Mittel als früher, die es uns erlauben sollten, dem Vorhaben wie einer zwar außergewöhnlichen, aber akzeptablen Herausforderung zu begegnen.

Um uns selbst vorzubereiten und um das Interesse der Menschen an ihrer Rolle als würdige Protagonisten dieser neuen Phase des Abenteuers Mensch zu wecken, werden unzählige Initiativen auf allen Ebenen und überall in der Welt nötig sein; teilnehmen sollten auch die wichtigsten Kommunikationszentren der Gesellschaft – Familien, Schulen, die Kirche, Städte und Dörfer, Unternehmen, Gewerkschaften, Fabriken, internationale Organisationen, die Massenmedien, Jugendzentren, Parteien, Sportvereine etc. Das Wichtigste ist, daß sie alle anfangen.

Hierzu haben sich der Club of Rome und seine Freunde eine Reihe von Aktivitäten ausgedacht, die sich in drei Richtungen entfalten sollten. Ich möchte sie kurz beschreiben in der Hoffnung, daß der eine oder andere Leser sie mit einem Beitrag unterstützen oder mit konstruktiver Kritik bedenken wird. Sie haben drei besondere Ziele:

- *Auf möglichst breiter Basis eine Bewegung für lebenslanges Lernen schaffen.*
- *Die Ausarbeitung alternativer Zukunftsprojekte fördern, indem man die Kreativität der Jugend mobilisiert.*
- *Die Erneuerung der Grundlagen heutigen Denkens provozieren.*

Im Jahre 1976 wurde ein erstes Projekt über lebenslanges Lernen vom Club of Rome geschaffen als Grundlage einer Reihe weiterer Forschungsprojekte in den nächsten Jahren. Das Projekt endete 1979 mit einem Bericht, dessen Titel: *No Limits to Learning — Bridging the Human Gap*[1] bereits eine Vorstellung von seinen Ideen und seinen Zielen vermittelt. Zu diesem Zeitpunkt war das Projekt bereits bekannt unter dem Namen *Learning* — ein Wort, das eine Notwendigkeit fürs Leben zusammenfaßt, die hoffentlich von allen anerkannt wird, denen die Zukunft am Herzen liegt.

So paradox es klingen mag, bei all unseren Kenntnissen über so viele Dinge wissen wir doch fast nichts über die Art und Weise, wie man lernt und wie sich die geistigen Prozesse verbessern lassen, die unser Lernen unsichtbar steuern. Andererseits wissen wir, daß die Leistungsfähigkeit des menschlichen Gehirns viel höher ist als die tatsächliche Normalleistung und daß die Leistungsfähigkeit durch entsprechende Anreize zu größeren intellektuellen und existentiellen Leistungen gesteigert werden kann. Man weiß auch, daß das ganze Individuum beim Lernen dabei sein muß und daß diese

---

[1] Von James Botkin, Mahdi Elmandjra und Mircea Malitza, Pergamon Press, Oxford 1979. Deutsch: *Das menschliche Dilemma,* Zukunft und Lernen, Verlag Fritz Molden, Wien–München 1979.

Ziele nur erreicht werden können, wenn der Organismus nicht durch Mängel in der Ernährung oder Krankheiten in seinen natürlichen psychophysischen Bedingungen gestört ist. Die perinatale Phase, die früheste Kindheit und die „kulturellen" Wechselbeziehungen zwischen Mutter und Kind und zwischen den Kindern sind hierfür besonders bedeutsam. Über all das zu diskutieren, würde jedoch zu weit führen.

Das Lernen ist von so komplexen Prozessen abhängig, daß man es nicht einfach mit der Erziehung gleichsetzen kann. Letztere ist selbstverständlich eine wichtige Komponente und ein unverzichtbares Mittel der Bildung und des Lernens. Doch ist die Erziehung ihrem Wesen nach eher konservativ und daher kein verläßliches Mittel, wenn Neuerungen das Gebot der Stunde sind. Im allgemeinen ist die Erziehung in der Tradition verwurzelt und wird vom Vater dem Kind, vom Lehrer dem Schüler und vom Eingeweihten dem Neuling überliefert. Das Lernen muß hingegen ein spontaner Vorgang sein und geht nicht nach festgelegten Regeln vor sich; die Jugend steht dem Lernen aufgeschlossener gegenüber als die Erwachsenen, die es oft nötiger hätten, sich aber dagegen sperren – insbesondere diejenigen, die an der Macht sind.

Beim Lernen kommt es vor allem auf die handwerkliche Tätigkeit und das Arbeiten in der Gruppe an. Sein Ziel ist nicht nur die Alphabetisierung und Ausbildung. Man soll auch die anderen verstehen und sie tolerieren lernen; man soll lernen, die Gemeinschaft mit der Natur und dem Transzendenten aufzuwerten; die Zukunft nicht geringer zu schätzen als die Gegenwart; sich in der komplexen Welt zu orientieren und die Komplexität auf einfache Begriffe zu reduzieren; sich auf die immensen Dimensionen und Geschwindigkeiten und auf die raschen Veränderungen einzustellen; einige der kulturellen Dimensionen zu erwerben, die ich auf den Seiten zuvor erwähnt habe. All dies muß man nicht nur um des Überlebens willen lernen, sondern auch wegen der Lebensqualität; schließlich hängt letztendlich alles von der Bildung der Leute ab, die wiederum großenteils mit eben dieser Fähigkeit, leben zu lernen, identisch ist.

Der Bericht zeigt auch auf, daß *das Lernen* in einer sich schnell verändernden Massengesellschaft *auf der Partizipation und der Antizipation beruhen muß*. Diese Forderung enthält einen auf die Gegenwart und einen auf die Zukunft bezogenen Aspekt der menschlichen Solidarität, die das Wesen einer reifen und verantwortlichen Gesellschaft ausmacht. Der Bericht zeigt außerdem, daß auch die Kollektive und Gesellschaften lernen können und müssen, und zwar ihre Funktionen zu erfüllen und sich in der neuen Welt vernünftig weiterzuentwickeln; und daß ihr Lernprozeß nicht bloß die Summe der individuellen Lernprozesse sein kann.

Genau genommen enthüllt der Bericht jedoch nichts, was nicht schon bekannt gewesen wäre. Seine fruchtbaren Ideen hatte es alle zuvor schon irgendwo gegeben. Sein Verdienst war es jedoch, sie in verständlicher Form zur rechten Zeit vorgelegt zu haben[1]. Allein diese Tatsache sollte den diversen Entscheidungsträgern und der faulen Öffentlichkeit aber zu denken geben und sie einen Schatz entdecken lassen, mit dem sie nie gerechnet haben. Neben der Sonnenenergie ist die ständig vernachlässigte und vergeudete menschliche Fähigkeit – die man sogar unterdrückt hat aus Angst, sie könnte sich in soziopolitisch brisanten Ideen

---

[1] Wie dies auch beim Bericht über „Die Grenzen des Wachstums" der Fall gewesen war.

äußern – die größte Reserve, über die die Menschheit verfügt. Sie ist eine Reserve, die nicht nur immer wieder genutzt werden, sondern eine, die mit der Zeit sogar wachsen kann; und die einzige, die uns aus der gegenwärtigen mißlichen Lage hinausführen kann. Sie weiterhin zu vernachlässigen, ist also nicht nur dumm, sondern selbstmörderisch.

Damit dieser Bewußtwerdungsprozeß sich klar abzeichnet, müssen die anfänglichen Bemühungen in mehrere Richtungen fortgesetzt werden. Im Bewußtsein dieser Notwendigkeit will die UNESCO alle ihr zur Verfügung stehenden Mittel bereitstellen, um ihre Aktivitäten in den 80er Jahren am *Learning* auszurichten. Hierzu untersucht sie gerade mit dem Club of Rome, wie eine gewisse Anzahl von Forschungsprogrammen und Pilotprojekten gefördert werden kann, von denen wir hier zweien unsere Aufmerksamkeit schenken:

- Das eine ist ein auf mehrere Jahre geplantes internationales Forschungsprojekt für Neurophysiologie, Sozialpsychologie und Pädagogik, das herausfinden soll, welche Prozesse unsere Lernfähigkeit steuern und wie man diese perfektionieren kann. Dieses große Projekt dürfte von der UNESCO und anderen internationalen Organisationen unterstützt werden, und es sollte von nationalen Programmen begleitet sein, die aber den Wissenschaftlern vorbehalten bleiben und von der Bürokratie freigehalten werden müssen. Seine Ergebnisse dürften der Menschheit Handhaben liefern, ihren momentanen Rückstand schneller aufzuholen und eine höhere Stufe in ihrer Entwicklung und Leistungsfähigkeit zu erklimmen.

- Das zweite ist die Schaffung einer Reihe von Pilot-projekten in ausgewählten Dörfern der Dritten Welt, die zu Gemeinden werden sollen, die ihre ländliche Entwicklung in Selbstverwaltung vollziehen. Das neue Element wäre die Ausbildung von freiwilligen Assistenten, die für den Fortschritt im Ackerbau, das Gesundheitswesen und die Erziehung im Dorf zuständig sind und auf die Unterstützung eines „Barfuß"-Agronomen, -Arztes und -Lehrers bauen können, die eine ganze Reihe von Dörfern versorgen. Auch andere Formen einfacher Hilfeleistung könnten diesem Experiment einer integrierten, selbständigen Entwicklung Auftrieb geben; und wenn eine genügend große Anzahl von Dörfern erfolgreich ist, könnte man die Idee auf breiter Stufenleiter verwirklichen. Wie wichtig ein Erfolg dieser Initiative ist, braucht nicht unterstrichen werden. Die Hälfte aller Menschen sind Bauern in der Dritten Welt; und diese Menschen sollen nicht Landflucht machen, sondern lernen, sich mit Hilfe ihres Stückchens Land ein Auskommen zu verschaffen.

Auch die Kultusministerien zahlreicher Länder – von Frankreich bis zu den Vereinigten Staaten, Österreich, Spanien und bald auch einigen Ländern der Dritten Welt – fördern etliche Projekte, die sie entweder ganz in eigener Regie oder in Zusammenarbeit mit ihrem Lehrkörper ausführen lassen. In Venezuela hat das Ministerium für die Entwicklung der menschlichen Intelligenz seit einiger Zeit sehr interessante Programme laufen zur Entwicklung intellektueller Fähigkeiten in den verschiedensten Gruppen – bei Schülern, Familien, Rekruten, Beamten und Bürgern bestimmter Gebiete des Landes.

Eins dieser Programme mit dem Titel „Denken lernen" ist gerade angelaufen und wird später 40 000 Lehrer und mehr als eine Million Schüler im Alter von 9 bis 12 Jahren erfassen. China folgt diesem Beispiel und hat gerade eine Organisation gegründet, um diese Methode in Pilotprojekten anzuwenden, die der Größe Chinas Rechnung tragen.

Es wäre zu früh, von beweiskräftigen Ergebnissen zu sprechen, doch eines zeichnet sich jetzt schon ab: *die Idee des „learning" ist dazu bestimmt, eine bahnbrechende Idee zu werden in einer Welt, die im Halbdunkel tastend nach den Wegen des Heils sucht.* In einigen Jahren wird man den Fortschritt beurteilen können. In der Zwischenzeit werden all diejenigen, die zu diesem Unternehmen beitragen wollen, sicher eine passende Organisationsform finden. Seltsamerweise hat sich sogar die amerikanische Post dafür engagiert, indem sie im September 1980 eine Briefmarke zu 15 Cent herausgebracht hat, deren sehr passende Devise lautet *„Learning never ends"* – „Man lernt nie aus".

Die reine Quelle der Jugend

Zu guter Letzt stellt sich die Frage: Welche Zukunft sollen wir entwerfen? Es hätte keinerlei Sinn, eine imaginäre Zukunft zu erfinden. Was wir anpeilen müssen, ist eine Zukunft, die nicht nur lebenswert, sondern auch realisierbar ist – von der man also hoffen kann, daß sie auch wirklich erbaut wird. Es ist aber sehr viel leichter, auf Anhieb die Zukunftsmöglichkeiten zu nennen, die unmöglich sind, oder die anzugeben, die man nicht haben möchte, als solche abzustecken, die sowohl wünschenswert als auch realisierbar sind.

Meines Erachtens besteht das wahre Ziel des Abenteuers Mensch in der Schaffung einer Welt, in der sich die besten Eigenschaften des Menschen in einer Atmosphäre wechselseitigen Verständnisses und in einer Symbiose mit der Natur voll entfalten können. Andere Menschen haben sicher andere Vorstellungen. Und ich bin mir nicht einmal sicher, ob wirklich jedermann daran interessiert ist, sich für eine bessere Zukunft für sich und seine Nachkommen zu engagieren.

Man könnte sogar meinen, daß das Gegenteil der Fall ist. Hierzu braucht man sich nur die objektiven Vorhersagen einiger Demographen, Ökonomen oder Technologen ansehen, von denen man den Eindruck hat, daß sie den sadistischen Neigungen ihrer Urheber entspringen. Sie stellen sich die Welt wie in einem Science-Fiction-Roman vor: voller Automaten und Roboter, Maschinen bauen neue Maschinen, die wieder andere Maschinen antreiben, ohne daß es eines Menschen bedarf. Eine Art „Hohepriester" des Atoms, der Computer, der Genmanipulation, der Informatik, der künstlichen Intelligenz überwachen die Bürger und sorgen dafür, daß ihre Bedürfnisse befriedigt und ihr Glück garantiert werden. Die allerneuesten, glänzenden Waffen verteidigen sie, offenbar vor den Angreifern von anderen Planeten, denn diese Waffen sind nur in extraterrestrischen Kriegen und nicht auf der Erde einsetzbar.

Diese Welt der Zukunft wäre von 10 bis 12 Milliarden Menschen bewohnt, die teilweise im Meer oder auf Satelliten leben. Dort würden die Pflanzen und Gräser angebaut, die einen ökonomischen Wert haben, und die nützlichen Tiere gezähmt; die anderen würden in Konserven verbannt. Man weiß aber nicht, was man mit den Insekten und Mikroben anfangen soll. Die Fackel des Lebens, die unberührte Natur, würde dort so weit wie möglich in klimatisierten Labors konserviert. Andere Labors befaßten sich mit neuen Formen des Lebens zum Vorteil und Ruhm des Menschen. Die soziale Gerechtigkeit wäre durch die Einförmigkeit des Lebens gesichert; die Arbeitszeiten und -weisen wären genauso reglementiert wie die Verwendung der Freizeit; und die Bewegungsfreiheit, der Zugang zu den Grünflächen und das Recht auf Erziehung und Kultur würden nach ausgeklügelten Modellen rationalisiert.

Ich glaube, daß es einen solchen Ameisenstaat nie geben kann. Und wenn es ihn gäbe, würden ihn seine Bürger hassen, selbst wenn sie genug zu essen hätten und in relativem Überfluß lebten. Sie hätten für immerdar ihre herrliche natürliche Umwelt verloren und lebten stattdessen in einer abstrakten, seelenlosen und mechanischen Umgebung, wo jedes Wohlbefinden illusorisch ist. Das Übermaß an motorisierten oder elektronischen Apparaten, an Servomechanismen, künstlichen Mitteln, Fernmeldetechnik, würde die zwischenmenschlichen Kontakte reduzieren. Desgleichen würden die Menschen durch die Reduktion der Handarbeit auf ein Minimum den Kontakt zur trägen Materie, aus der man schöne oder nützliche Dinge formen kann, und das Gefühl der Befriedigung über die Erfüllung einer gesellschaftlichen Aufgabe verlieren. Sie würden spüren, daß ihnen ein Teil ihrer Menschlichkeit genommen ist.

Ich lehne dieses Szenario ab. Doch welches kann ich stattdessen vorschlagen? Oder, noch allgemeiner gesprochen, *welche alternativen Szenarios kann man sich realistischerweise vorstellen?* Zum Beispiel für das Jahr 2000. Denn Szenarios für die Zukunft sind heute zwar modern, doch ist ihre klare und rationelle technische Vorbereitung eine sehr komplizierte Angelegenheit, die noch nicht überzeugend beherrscht wird. Und außerdem ist ein Szenario erst der Anfang. In bezug auf die Zukunftsprojekte, die man verwirklichen sollte, ist es nur eine grobe Skizze, eine sehr allgemeine Angabe eines Sets von Situationen und von aufeinander abgestimmten Verhaltensweisen, die ein Ziel sein können, deren Machbarkeit aber erst noch bewiesen sein will.

Dennoch muß man sich aber die Welt von morgen, auf die die Menschheit zusteuern soll, sehr wohl vorstellen, man muß sie beschreiben und in groben Zügen skizzieren. Heute sagt man scherzhaft, wir wüßten nicht, wohin unser Weg führt, wir gingen ihn aber trotzdem – bei hoher Geschwindigkeit im Rückwärtsgang. Morgen müssen wir ungefähr wissen, wohin wir gehen wollen und die geeignetsten Mittel finden, unser Ziel auf geordnete Weise auch wirklich zu erreichen. Und wir müssen wissen, welche Opfer wir bringen müssen, um an unser Ziel zu gelangen.

Wir wollen nun sehen, ob es möglich ist, das Terrain ein wenig zu sondieren. Eine gängige Feststellung – die kein Witz ist – besagt, daß die großen Entscheidungen von Leuten getroffen werden, die weiß, reich und männlichen Geschlechts sind. Dieser Ausspruch entspringt dem sarkastischen Geist des Protests, denn die Leute, die weder der weißen Rasse angehören noch reich sind, können an den großen Entscheidungen nicht teilhaben und die Frauen haben auch nicht gerade viel zu sagen. Man kann noch hinzufügen, daß die Entscheidungsträger *erwachsen* sind, denn es sind die

Erwachsenen, die die Welt regieren. Die Jugend wird nicht gefragt, auch nicht bei Angelegenheiten, die die ferne Zukunft betreffen – in der die jungen Leute und nicht die heute schon Erwachsenen leben werden.

Und das, obwohl die Jugend die große Mehrheit der Weltbevölkerung ausmacht – 36 Prozent sind unter 15 Jahre alt und fast 60 Prozent unter 30. *Aus Gründen der Gerechtigkeit und der Demokratie müßte die Stimme der Jugend gehört werden* – insbesondere in all den Fragen, die nicht nur die unmittelbare Zukunft betreffen. Und es gibt noch andere Gründe, die für diese These sprechen. Die jungen Leute sind heute besser ausgebildet als ihre Väter es sind bzw. je waren. Sie sind viel eher bereit zu Begegnungen über alle rassischen, kulturellen, sozialen und sexuellen Grenzen hinweg. Sie stehen der gegenwärtigen Gesellschaft kritischer gegenüber, und da sie noch nicht in ihrem Räderwerk befangen sind, sind sie freier im Einsatz ihrer Kreativität für die Vorstellung einer veränderten Welt. Außerdem hat die Jugend ein reineres Herz – steht also der Notwendigkeit einer gerechteren, ehrlicheren und menschlicheren Welt aufgeschlossener gegenüber. Aus all diesen Gründen kann sie der Träger einer neuen Zivilisation werden.

Die Erwachsenen haben sich hingegen bislang als Leute erwiesen, die sich nur zögernd für die Schaffung der Zukunft engagieren. So hat die Idee, ausgewählten Gruppen von Jugendlichen diese Möglichkeit zu geben, Gestalt angenommen. Ich habe seit nunmehr drei oder vier Jahren darüber mit Freunden in aller Welt gesprochen, und sie waren alle begeistert von der Idee, aber skeptisch in bezug auf die Möglichkeit, sie praktisch zu verwirklichen. Dennoch begann sich das später *Forum Humanum* genannte Projekt abzuzeichnen.

Der Plan ist so einfach wie gewagt. In einer ersten Etappe ist *die Schaffung eines ausschließlich von Jugendlichen geleiteten Netzes von Zentren* vorgesehen, *die über die Zukunft der Menschheit forschen, nachdenken, diskutieren und Vorschläge machen.* Um die ganze Bandbreite von Kulturen und Standpunkten abzudecken, sollten diese Zentren an verschiedenen Punkten des Globus liegen. Sie sollten mehrere alternative Gesellschaften, die man realistischerweise von jetzt bis zum Jahr 2000 oder danach verwirklichen könnte, herausfinden und die Politiken, Strategien und Mittel vorschlagen, die zu diesem Zweck erforderlich sind. Diese Untersuchungen sollten eminent interdisziplinär sein, da sie alle wichtigen Aspekte des gesellschaftlichen Lebens erfassen sollen – von den Werten bis zu den politischen Institutionen, vom Gebrauch der Ressourcen bis zu den Beziehungen zur Natur, von den Wohnverhältnissen bis zu den Rechten und Pflichten des Menschen, von der Wirtschaft bis zur Erziehung, von der sozialen Gerechtigkeit bis zu Sicherheit und Lebensqualität.

Die Einzigartigkeit und die Größe des Unterfangens verlangen ganz neue Verfahrensweisen. Man kann sich vorstellen, daß das oben erwähnte Netz von Zentren von jungen Männern und Frauen initiiert wird, die sich bereits ein ausgewogenes Urteil über die Gesellschaft gebildet haben, aber noch keine Position haben bzw. noch nicht von ihr angesteckt sind – junge Menschen zwischen 20 und 30 Jahren alt oder nur wenig drunter oder drüber. Wenn sich einmal ein fester Kern gebildet hat, sollte sich der Kreis nach dem Kooptationsprinzip erweitern. Diese jungen Leute wären dann für das Projekt verantwortlich. Die Erwachsenen, die ihre Erfahrungen und Ratschläge einbringen wollen, sollten ihre

Assistenten sein; ich habe viele sehr wertvolle Persönlichkeiten gefunden, die gerne mitmachen würden.

Seit einiger Zeit steht das Projekt in seinen Grundzügen fest, und eine Gruppe erstklassiger junger Männer und Frauen aus mehreren Ländern ist bereit, sich zu engagieren – natürlich nur, wenn die finanzielle Unterstützung ausreichend gesichert ist. Es bedarf jedoch beträchtlicher Mittel, vor allem zum Unterhalt der Zentren in den weniger entwickelten Ländern. Darüber hinaus braucht es für die Durchführung des Projekts viele Reisen und Tagungen in verschiedenen Teilen der Welt, wofür ein nicht unbeträchtliches Budget veranschlagt werden muß. Dieses Problem ist leider noch nicht gelöst, weshalb die Aktivitäten nicht, wie vorgesehen, im Jahre 1980 anlaufen konnten. Für das Jahr 1981 sind folgende Treffen vorgesehen, um das Projekt in Gang zu bringen und sein Programm und die finanzielle Basis festzulegen: im April in Rom, im Juni in Salzburg und im September in Santander (Spanien). Das Ergebnis des Projekts soll weltweit im Jahre 1985 bekannt gemacht werden, das die Vereinten Nationen zum Jahr der Jugend erklärt haben.

Die Bedeutung des Projekts liegt nicht nur in seinem unmittelbaren Ziel – *wir wollen uns darüber klar werden, welche „Alternativen der Zukunft" möglich sind.* Indirekt werden wir auch Einsichten darein gewinnen, wie falsch und unangemessen unsere jetzigen Denk- und Handlungsweisen sind und wie sie sich ändern müssen. *Eine bessere Zukunft entwerfen, bedeutet auch den Entwurf einer besseren Seinsweise,* um in einer Welt, die sich vor unseren Augen verändert, zu überleben und Fortschritte zu machen. Wieder ist es die Jugend, die besser weiß, welcher qualitative Sprung notwendig ist, und nur sie kann ihn hinterher praktisch verwirklichen. Sie besitzt die erforderliche Flexibilität, um sich zu verändern, während die Erwachsenen schon erstarrt sind; auch haben die jungen Leute noch das ganze aktive Leben vor sich, um ihre neuen Ideen zu verwirklichen oder sie unterwegs zu korrigieren, während die Erwachsenen auf einen kurzen Zeitraum festgelegt sind. Aus mehreren Gründen bewahrheitet sich also, daß die kulturelle Evolution des Menschen im Jugendalter stattfinden muß. Und vielleicht ist es nicht bloß ein Zufall, daß bei den anderen Arten die Anpassung des genetischen Codes, der ihre biologische Evolution steuert, auch in jungen Jahren vor sich gehen muß, um im zeugungsfähigen Alter an die nächste Generation weitergegeben zu werden.

Dieses Plädoyer für die Jugend bedeutet nicht, daß die Erwachsenen abdanken sollen – was sie im übrigen auch gar nicht vorhaben. Die Macht, Entscheidungen zu fällen, wird wahrscheinlich noch lange ihre Domäne bleiben. Es geht um eine andere Frage, und die lautet: wie sollen sie künftig ihre Macht ausüben? Mit welchem Sinn für die Totalität, die Realitäten, die Zukunft, mit welchem Gattungsbewußtsein? Die Erwachsenen sind aufgerufen, sich klarzuwerden über ihr Versagen in dieser bedeutenden Übergangszeit. Sie müssen erkennen, daß sie, weil sie ihre Bildung in vergangenen Kulturepochen empfangen haben, großenteils noch an deren Prinzipien hängen, obwohl alles andere sich verändert hat und sich laufend verändert. Das sicherste und politisch klügste Mittel, über das sie zur Erhaltung ihrer Macht und zur weiteren Herrschaft über Menschen und Dinge verfügen, besteht darin, *der Phantasie und dem Drängen der neuen Generationen mehr Raum zu geben.*

Die echte menschliche Revolution

Es liegt auf der Hand, daß der Komplex innovatorischer Aktivitäten und die großen Projekte, die nötig sind, um die von uns dargestellten Ideale und Perspektiven zu verwirklichen, eine solide begriffliche Basis brauchen. Das gegenwärtige Denken, die aus einer von der Gegenwart sehr verschiedenen Vergangenheit geborenen Ideologien und Erfahrungen, die die menschlichen Dinge regeln, ist hinter den Ereignissen zurückgeblieben und mit vielen Mängeln behaftet. Die Glaubenslehren, die Prinzipien, die Postulate, die Bezugsrahmen, die Tabus, die Normen und die Werte, die dieses Denken ausmachen, sind absolut untaugliche Mittel, um die schweren und großen Herausforderungen unseres Zeitalters zu bestehen.

Zum anderen *muß der moderne Mensch seine Menschlichkeit wiederfinden,* denn er hat sie in seinem grenzenlosen Fortschrittsstreben großenteils verloren. Die Anregungen der Religion wirken nur mehr schwach. Die Religionen waren der Widerhall der großen Geheimnisse der Natur und des Universums – die inzwischen von den exakten Wissenschaften fast alle enthüllt sind. Die geistige Natur des Menschen hat schwere Schläge hinnehmen müssen. Das geistige Klima ist ihr nicht gerade hold, wenn man entdeckt, daß alles, was wir kennen, von der trägen Materie bis zu den Lebewesen, letztlich nur in verschiedenen Formen und Kombinationen von Energie besteht. Denn es ist keine leichte Aufgabe, die Vorstellung von der Energie mit der von der geistigen Natur des Menschen zu vereinbaren oder Religion und Wissenschaft miteinander zu versöhnen. Die geistige Natur und die Religion lassen sich nicht begründen, schließlich kann man sich auch nicht die Seele der Energie oder der Wissenschaft vorstellen.

Der moderne Mensch ist nur mit seinem alltäglichen Leben beschäftigt, das ganz in die Sphäre des Materiellen fällt. Der Charakter seiner gewohnten Umwelt zwingt ihn zu einer solchen Art zu leben; er hat keine Wahl. Was nicht quantifizierbar, meßbar und zu Geld zu machen ist oder was man nicht zu einer Information machen, in einer Graphik darstellen, in ein Bild übersetzen, auf die Leinwand projizieren kann, hat kaum einen oder gar keinen Wert. Das Unantastbare liegt außerhalb des Kreises der Dinge, auf die es ankommt. Ich habe zwar nicht genug Zeit, um die Entwertung der immateriellen Werte zu analysieren, doch möchte ich daran erinnern, daß das Modell des modernen Menschen, das die Menschheit anzustreben scheint, ein Mensch ist, der sich mit Maschinen und Computern auskennt, in klimatisierten Hochhäusern wohnt, sich inmitten eines höllischen Straßenverkehrs im Auto fortbewegt, um zu neuen Maschinen, Computern und Hochhäusern zu gelangen, wenn er nicht gerade ein Flugzeug, seinen Fernsehapparat oder seinen Kühlschrank erreichen will.

Dieser Mensch schenkt der künstlichen Welt, die er sich geschaffen hat, mehr Beachtung als der natürlichen Welt, die ihn geschaffen hat. Er interessiert sich vor allem für die Dinge, die er selbst herstellt – und geht darin so weit, daß er seine Nahrung am liebsten vorgekocht oder tiefgefroren aus Büchsen und Flaschen bezieht. Die Natur hat nur einen unbedeutenden zweiten Platz inne; und auch seine Mitmenschen verlieren an Wert; denn erstens gibt es so viele Menschen, die zweitens kaum miteinander kommunizieren, weil sie drittens alle geschäftig anderen Dingen nachjagen. Auch die Metaphysik hat ihre Anziehungskraft für den modernen Menschen verloren. Dennoch spürt er, wie die Leere in seinem Innern wächst, möchte er seinen Seelenhaushalt gern in Ordnung bringen und dem, was er ist und tut, mehr Sinn verleihen. Sein gegenwärtiges Denken ist schuld an diesem Zustand und nützt ihm daher auch wenig.

Ein neues Denken ist dringend erforderlich. Um den Menschen zu retten, muß es ihn verändern, ihn in die Lage versetzen, den Imperativen unserer Zeit zu begegnen und die Rolle auszufüllen, die ihm aufgrund seiner Macht und seiner Verantwortung in der Welt zukommt. Dieses Denken muß eminent humanistisch sein. *Nur ein neuer Humanismus kann dieses halbe Wunder wirken* und die Wiedergeburt des Geistes im Menschen veranlassen.

Dieser neue, dem technologischen Zeitalter angemessene Humanismus muß eine radikale Erneuerung mit sich bringen und Prinzipien und Normen umstoßen, die wir bislang als unantastbar betrachtet haben; er muß die Entstehung neuer Wertsysteme befördern und neue geistige, ethische, philosophische, soziale, politische, ästhetische und künstlerische Motivationen schaffen, die unser inneres Gleichgewicht wiederherstellen; und er muß in uns wieder die Liebe, die Freundschaft, das Verständnis, die Solidarität, den Opfermut und die Gastfreundschaft als höchste Güter und Bedürfnisse verankern und uns das Gefühl vermitteln, daß wir um so mehr gewinnen, je mehr uns diese Güter und Bedürfnisse mit unseren Brüdern und Schwestern und den anderen Lebewesen auf der Welt verbinden. Die Herausbildung dieses Humanismus wird jedoch zweifelsohne ein mühevoller Prozeß sein, der gegen viele Widerstände schwer zu kämpfen haben wird. In aller Bescheidenheit schlage ich im Anhang zur Anregung für die Diskussion ein paar Elemente vor, von denen dieser Humanismus meines Erachtens durchdrungen sein müßte. Ihre Kritik bleibt dem Leser vorbehalten.

Dieser neue Humanismus muß auch stark, aufgeklärt und flexibel genug sein, um die materiellen Revolutionen unter Kontrolle zu bekommen; um uns einen Weg zu zeigen, wie wir der soziopolitischen Revolution der menschlichen Systeme, die wir im Moment nur zu übertünchen vermögen oder in Gewalttaten hervorbrechen lassen, eine friedliche und konstruktive Form verleihen können; und um uns zu lehren, daß wir, koste es, was es wolle, nie wieder auf den Primat des Geistes verzichten dürfen. Dieser neue Humanismus muß also selbst revolutionär sein. Und er muß sich so universell entfalten, so viel Einfluß gewinnen und eine so breite Bewegung werden, daß er nicht nur die Ansichten und Verhaltensweisen einiger Völker oder einiger Schichten zu ändern vermag, sondern von der Masse der Weltbevölkerung als ein Gut angenommen wird, das ihr keiner mehr nehmen kann.

Trotz des Unheils und der Dunkelheit, die über die Welt gekommen sind, gibt es doch Anzeichen dafür, daß *diese echte menschliche Revolution, wenngleich noch sehr langsam, begonnen hat.* Ihre Entwicklung muß nun beschleunigt werden. Diese Anzeichen sagen uns aber, daß diese Revolution kein unmögliches Unterfangen ist – wenn die phantasievollsten und kreativsten Elemente der Gesellschaft sich zusammentun, um den noch zaghaften und verstreuten Versuchen der Erneuerung zum Durchbruch zu verhelfen.

Zu Beginn des entscheidenden Jahrzehnts, das die

80er Jahre darstellen, sollten wir also nicht verzagen. Wir, die Bürger dieser Welt, können die Zukunft noch in die Hand nehmen und gemeinsam unser aller Schicksal prägen. Obwohl es eine Wiederholung ist, möchte ich zum Abschluß doch noch einmal unterstreichen, daß es unter den tausend Dingen, die zu tun sind, vor allem auf drei Sachen ankommt. Ausgehend von dem zuletzt besprochenen Eckstein, auf dem das ganze Gebäude beruht, sind es folgende drei Punkte:

- *Die echte menschliche Revolution, die das Individuum in den Mittelpunkt jedweder Entwicklung stellt und dessen Eigenschaften und Fähigkeiten auf eine höhere Stufe hebt. Im engeren Sinn ist sie*
- *die ethische, philosophische und humanistische Erneuerung des universellen Denkens.*

Im weiteren Sinn umfaßt sie auch andere Bereiche der kulturellen Entwicklung, die den praktischen Aufschwung des neuen Humanismus befördern und begleiten. Zwei bedeutende Vorhaben auf diesem Gebiet habe ich bereits genannt:

- *den Entwurf wünschenswerter Zukunftsalternativen durch junge Leute, die bereit sind, sich zu engagieren und die Pläne zu verwirklichen;*
- *eine Learning-Bewegung – durch die Neuerungen in breiten Bevölkerungsschichten auf der ganzen Welt verbreitet werden.*

- *Die politische und strukturelle Evolution der Gesellschaft und der menschlichen Systeme, um ihre Regierbarkeit zu sichern.*
Zwei Eckpfeiler dieses Vorhabens sind:
- *die Überwindung der Ost-West-Spannungen durch aktive Zusammenarbeit der Supermächte;*

216

- *die eigenständige Umstrukturierung des Südens, um ein integraler Bestandteil des weltweiten Systems zu werden.*

- *Die Übernahme globaler Strategien und Politiken vermittels freiwilliger Zusammenschlüsse zwischen Nationen, wobei nicht abgewartet werden darf, bis eine systematische Neugliederung der Welt erfolgt. Bald bietet sich den Politikern die Gelegenheit, ihren politischen Willen zu einer solchen Lösung und die nötige Leadership unter Beweis zu stellen:*
  - *der erste Nord-Süd-Gipfel im Herbst 1981, auf dem die Welt den Weg der weltweiten Zusammenarbeit einschlagen sollte.*

Die Generationen, deren Schicksal es ist, diesen historischen Wendepunkt zu erleben, dürfen nicht länger in Unwissenheit leben über die mißliche Lage, in der sich die ganze Menschheit befindet, und über die Möglichkeiten, die die Zukunft ihnen im guten wie im schlechten Sinne zu bieten hat, je nachdem welche Wahl sie treffen und wie sie sich verhalten. Ihre Tat, die kollektive Tat aller Nationen und aller Völker, wird uns in die eine oder die andere Richtung führen.

Damit die Entscheidungen der 80er Jahre positiv ausfallen, muß aber einer die Initiative ergreifen und die anderen dazu aufrufen, sie unter einer globalen, langfristigen Perspektive zu diskutieren.

Das vorliegende Büchlein kann diesem Zweck hoffentlich dienlich sein.

ANHANG

Vorschläge für eine menschliche Welt

- Obwohl sie der höchste Ausdruck des Seins ist, muß die Zeugung einer rigorosen sozialen Ethik unterliegen.
- Angesichts der Alternative – bewußter Schwangerschaftsabbruch oder Kinder in die Welt setzen, die wahrscheinlich ein menschenunwürdiges Leben führen bzw. Hungers oder im Krieg sterben werden – kann niemand die zweite Möglichkeit zur Vorschrift machen.
- In einer Welt, in der die Überbevölkerung weltweite Probleme verursacht, muß eine nationale Bevölkerungspolitik mit dem allgemeinen Interesse der Menschheit vereinbar sein.
- Die Qualität der Bevölkerung ist wichtiger als ihre Quantität, und sie allein kann die Wirkungen der Bevölkerungsexplosion kompensieren.
- Die Völker müssen in der Lage sein, die Probleme zu lösen, die sie schaffen.
- Das Individuum darf nicht mit seinen Grundbe-

dürfnissen gleichgesetzt werden; es hat noch ganz andere Bedürfnisse, da es ein vernunftbegabtes, geistiges und künstlerisches Wesen ist, das gern träumt, schöpferisch tätig ist und sich vergnügt.

- Allgemein gesprochen sollte man nur das als Bedürfnis gelten lassen, was sowohl vom Individuum als auch von der Gemeinschaft vernünftigerweise befriedigt werden kann.
- Die Bewahrung der Natur und der Respekt vor den anderen Formen des Lebens sind eine wesentliche Voraussetzung der Lebensqualität wie der Erhaltung des menschlichen Lebens.
- Der Schutz des über die ganze Welt verstreuten kulturellen Erbes ist genauso wichtig.
- Es kann keine exklusiven Rechte auf die natürlichen Ressourcen der Erde geben; sie müssen erhalten und unabhängig von ihrer geographischen Lage so gerecht wie möglich verteilt werden.
- Dasselbe Prinzip sollte für die Informationen, die Erkenntnisse und das Know-how gelten, die für den Fortschritt und das Wohlbefinden der Menschheit notwendig sind, ungeachtet der jeweiligen „Besitz"-Verhältnisse.
- Jede Generation hat die Pflicht, ihren Nachkommen eine bessere Welt zu hinterlassen.
- Unsere Verantwortung und unsere Verpflichtungen gegenüber unseren Nachfahren und den anderen Formen des Lebens wachsen parallel zum Umfang unseres Wissens und unserer Macht.
- Das Gattungsbewußtsein muß Vorrang haben vor dem Klassenbewußtsein und dem Nationalbewußtsein.
- Die Proklamation der Menschenrechte kann nur auf Basis einer vorhergehenden Festlegung der

Pflichten und Verantwortlichkeit des Menschen geschehen.

- Neue „Gesellschaftsverträge" müssen das „soziale Minimum" an Absicherungen und Dienstleistungen festlegen, auf das der Bürger ein Anrecht hat und wozu die Gesellschaft verpflichtet ist; und umgekehrt müssen sie die Pflichten des Bürgers und die Rechte der Gesellschaft definieren.

- Als natürliches Komplement zum „sozialen Minimum" sollte auch ein „soziales Maximum" auf einem gewissen Niveau festgelegt werden.

- Das Prinzip territorialer Souveränität ist ein unüberwindliches Hindernis für den Frieden; es muß allmählich verändert, begrenzt und schließlich abgeschafft werden; und die mächtigsten Staaten sollten als Vorbild vorangehen.

- Eine geeignete Palette supranationaler, subnationaler, transnationaler und anationaler Lösungen ist die unabdingbare Voraussetzung für den schrittweisen Aufbau der weltweiten Gemeinschaft.

- In einer Übergangsphase können sich regionale oder subregionale Gemeinschaften bilden, in denen zugleich die lokale Autonomie gewahrt bleibt.

- Die „neue Ordnung" sollte weder „international" noch eine reine „Wirtschafts"-Ordnung, sondern so weit wie möglich im vollen Wortsinn „global" sein; sie sollte die Regeln des Zusammenwirkens und alle Rechte und Pflichten der weltweiten Gemeinschaft enthalten.

- Die Sicherheit ist ein primäres Bedürfnis, das nicht durch Rüstung, sondern nur durch die kulturelle Reife der Individuen und Gesellschaften erfüllt werden kann.

- In der weltweiten Gemeinschaft sind die soziale Gerechtigkeit und die Solidarität eine wichtige Voraussetzung für die Verwirklichung einer gesünderen und lebenswerteren Gesellschaft.

- Die selbständige Entwicklung der weniger entwikkelten Regionen, mit voller Unterstützung der entwickelten Regionen, muß in der weltweiten Gemeinschaft Vorrang haben.
- Die wahre Interdependenz von Ökonomie und Ökologie muß unbedingt anerkannt werden.
- Die progressive Verknappung der natürlichen Ressourcen erfordert die Optimierung ihrer Verwendung mit Blick auf eine harmonische Gesamtentwicklung.
- Unsere ökonomischen Begriffe müssen so weiterentwickelt werden, daß sie dem Gebrauchswert der produzierten Güter und Dienstleistungen Rechnung tragen und die Erhaltung des verfügbaren Erbes an natürlichen Ressourcen erlauben.
- Die Ethik der Nüchternheit muß an die Stelle der Mythen der Konsumgesellschaft treten.
- Das dynamische Gleichgewicht zwischen den menschlichen Systemen und dessen Logik muß das Ziel Wachstum und dessen Logik ersetzen.
- Da gewisse äußere Automatismen nicht mehr effizient arbeiten, müssen Kapazitäten zur Selbstregulierung menschlicher Systeme entwickelt werden.
- Da ein Minimum an Übereinstimmung zwischen den Zielen und Aktivitäten der verschiedenen Menschengruppen eine notwendige Voraussetzung der weltweiten Gemeinschaft ist, müssen globale mittel- und langfristige Methoden zur Absprache und zur Planung gefunden werden, die gleichwohl den regionalen und lokalen Institutionen ein Maximum an Selbständigkeit gewähren.

- Im Bereich der Wirtschaft müßte das Verhältnis zwischen Planung, Privatunternehmen und öffentlicher Hand geändert werden und die drei miteinander koordiniert werden.
- Die wachsende Komplexität der menschlichen Systeme erfordert auf allen Ebenen, von der lokalen bis zur weltweiten Entscheidung, eine kompetente und effiziente Leitung.
- Technik und Wissenschaft müssen sich von Grund auf neu orientieren, damit sie der Menschheit und nicht partikularen Interessen dienen.
- Die Entwicklung des Menschen, im weitesten Sinne des Wortes, ist das oberste Ziel der Menschheit und muß als solches absoluten Vorrang haben vor jeder anderen Entwicklung und jedem anderen Ziel.
- Diese Entwicklung muß zugleich antizipatorisch und vorbereitend sein, denn dadurch unterscheidet sie sich von der genetischen Evolution, die sich als reaktive Anpassung vollzieht.
- Die Tugenden und geistigen Werte ethisch-moralischer, soziopolitischer und kultureller Natur bilden die Grundlage der neu zu schaffenden Gesellschaft.
- Die Erziehung, die Forschung, das Denken und Lernen, sind die Mittel zur Entwicklung des Menschen; sie müssen den Geist der Partizipation, Antizipation, der Solidarität und Universalität befördern.
- Eine Neuaufteilung der gesamten Lebenszeit des Individuums auf die Entwicklung, die Arbeit, die Freizeit und die Ruhezeit ist notwendig zur Entfaltung des Individuums und der Gesellschaft.

...und das Ende?

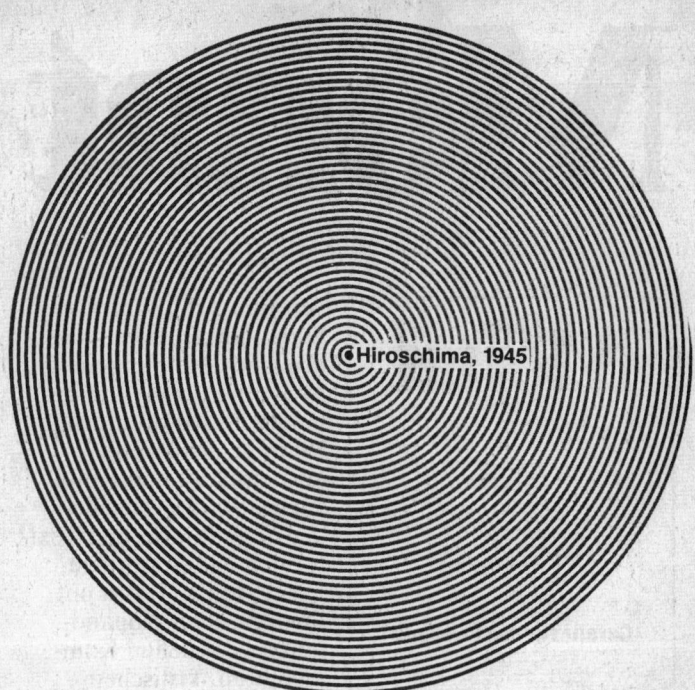

●Hiroschima, 1945

Der Mensch hat eine wissenschaftliche Methode zur Beendigung seiner Laufbahn entdeckt

Die 1945 über Hiroschima abgeworfene Bombe – kaum sichtbar in der Mitte des Bildes – ist ein Symbol für die Fähigkeit des Menschen zur schnellen, sicheren und totalen Selbstzerstörung.

Heute haben die einsatzbereiten Atombomben insgesamt eine Vernichtungskapazität, die eine Million mal höher liegt als die der Bombe auf Hiroschima.

Nachdruck mit Erlaubnis des Verlags aus *World Military and Social Expenditures 1980*, Ruth Leger Sivard (Hrsg.), ©World Priorities, Leesburg, Virginia 22075, USA.

Der Monat